D1729590

" BEIM KOCHEN IST ES WIE BEI DER

LIEBE -

MAN MUSS ES MIT HINGABE TUN,

ODER BLEIBEN LASSEN "

Für Karim,

viel Freude beim Kochen!

ich

MASEREEL, 27.4.2016

Cilly Höferer • Otto Kornprat

Wild

Zeitgemäße Rezepte
für das ganze Jahr

Fotografiert von Norbert Janesch

Carinthia Verlag

ISBN 978-3-85378-667-3

© 2010 by Carinthia Verlag in der
Verlagsgruppe Styria GmbH & Co KG
Wien – Graz – Klagenfurt
Alle Rechte vorbehalten

Fotonachweis Seite 11 und 12: Wildbret-Direktvermarktung

Umschlag- und Buchgestaltung: Astrid Zoechbauer - TACC Media & Production
Druck und Bindung: Druckerei Theiss, St. Stefan im Lavanttal

Cilly Höferer • Otto Kornprat

Wild

Zeitgemäße Rezepte
für das ganze Jahr

Fotografiert von Norbert Janesch

I N H A L T

Inhaltsverzeichnis

R E Z E P T E

5

INHALT

ANHANG

Noch ein paar praktische Hinweise zu den Rezepten:

Die **Rezeptangaben** beziehen sich auf eine Menge für **4 Personen**, sofern nicht anders angegeben!

Bei allen Rezepten zu bevorzugen ist **Salz bzw. Pfeffer aus der Mühle**.

Grundsätzlich wird von der **Verwendung sehr guter Öle** (Rapsöl, Nussöl, Sonnenblumenöl, Olivenöl etc.) ausgegangen.

Zum **cremig Rühren von Marinaden** (→ Emulsionen) empfehlen wir die Verwendung eines Dressingshakers oder eines Quirls (ein batteriebetriebenes Gerät wie es zum Aufschäumen von Milch verwendet wird).

Für das **effiziente Zerkleinern** (Mixen, Schneiden, Hacken) wie es bei den Rezepten beschrieben wird, ist die Verwendung eines üblichen „Zerkleinerers" (z. B. Moulinette) sinnvoll.

der Hinweis für besonders rasch und unkompliziert zuzubereitende Gerichte

Reh

Hirsch

Gams

Wildschwein

Mufflon (= Wildschaf)

Hase

Wildgeflügel

Vorwort der Autoren

Der berufsbedingt tägliche Kontakt mit Jagd bzw. Küche und die Überlegung, dass Wildbret sowohl in der Gastronomie als auch im privaten Haushalt eher ein Mauerblümchendasein fristet, war Anlass genug, um sich für dieses völlig neuartige Nachschlagewerk zum Thema Wildküche an die Arbeit zu machen.

Man braucht sich nur ein wenig umzusehen, die Speisekarten von Gasthäusern und Restaurants ins Visier zu nehmen oder den eigenen Speiseplan zu Hause zu durchforsten. Ganz schnell wird man feststellen, dass hier wenig „Wildes" zu finden ist, und wenn, dann klassischerweise in der kühleren Jahreszeit, etwa von September bis Dezember.

Wie kommt es eigentlich dazu, dass das Lebensmittel Wildbret (abgeleitet vom mittelhochdeutschen wildbræt, d.h. „Fleisch vom Wild") mit dem Begriff Herbst gleichgesetzt wird? Frisches Wildbret ist in der Regel von Anfang Mai bis Ende Dezember verfügbar. Die Möglichkeit der Bevorratung ist aber gegeben, zumal sich Wildbret sehr gut einfrieren lässt. Es ist ein grundsätzlich fettarmes Produkt und aus ernährungsphysiologischer Sicht sehr wertvoll.

Was liegt also näher, als sich in der eigenen Umgebung schlauzumachen, zum Jäger Kontakt zu knüpfen oder beim regionalen Jagdverband Informationen einzuholen, um die richtige Einkaufsquelle zu erschließen?

Die weiteren Zutaten für ein wunderbares Wildgericht, das in der Regel einfach und ohne großen Zeitaufwand zubereitet werden kann, bekommt man am besten direkt am Bauernhof oder am Wochenmarkt. Damit ist nicht nur das regionale und saisonale Angebot optimal genützt, sondern es macht auch Freude, mit den „Produzenten", den Bauern, über ihre frische Ware zu plaudern.

Zum Naturprodukt Wildbret gilt es noch zu sagen, dass es im Gegensatz zur weit verbreiteten Meinung kein „elitäres" Lebensmittel ist und schon gar nicht ein Produkt, welches in der Zubereitung das Können eines Haubenkoches voraussetzt.

Mit diesem Kochbuch möchten wir althergebrachte Vorurteile abbauen helfen und vor allem neue Wege aufzeigen, die eine moderne Wildküche beschreiten kann. Begeben wir uns gemeinsam auf die „richtige Fährte" – viel Freude beim Nachkochen und beim Genießen!

Cilly Höferer
Otto Kornprat

Allgemeines
zum Thema Wildbret

Die Vorzüge des heimischen Wildfleisches

- Das qualitativ hochwertige Fleisch stammt von frei lebenden Wildtieren, deren natürliche Lebensweise eine Qualitätsgarantie abgibt (keine „künstliche" Ernährung, ausreichend Bewegung, natürliche Lebensumstände).
- Der „ethische Wert" des Wildbrets ist dem der Schlachttiere überlegen, da etwa Haltung, Fütterung oder Transport keine der in der Tierzucht üblichen Kritikpunkte darstellen.
- Wild ernährt sich von dem, was es in freier Natur findet (Gräser, Kräuter, Knospen etc.), wodurch das Fleisch einen würzigen, unverwechselbaren Geschmack bekommt.

- Das Wildfleisch ist von dunkelroter Farbe, Fett ist kaum vorhanden. Gegenüber dem Fleisch von Nutztieren weist Wildbret auch einen weit geringeren Anteil an Wasser auf.
- Wildfleisch besitzt einen großen ernährungsphysiologischen Wert. Der große Anteil des vorhandenen Eiweißes ist von hoher biologischer Wertigkeit. Es kann daher zu einem sehr bedeutenden Anteil für den Aufbau körpereigener Substanzen verwendet werden.
- Weiters ist das Wildfleisch reich an Vitaminen, es ist leicht verdaulich und entspricht den Vorgaben einer modernen und bewussten Ernährung.

	Eiweiß %	Fett %	Kohlenhydrate %	Energiewert	
				kJ / 100 g	kcal / 100 g
Rotwild	18 - 22	1 - 5	0,2 - 0,5	440 - 545	105 - 125
Rehwild	21 - 23	0,7 - 6	0,2 - 0,5	440 - 560	105 - 135
Hase	20 - 23	0,9 - 5	0,1 - 0,5	480 - 545	115 - 130
Wildente	19 - 23	2 - 3	0,3 - 0,5	460 - 500	110 - 120
Schwein	10 - 14	35 - 55	0,3 - 0,5	1.675 -2.510	400 - 600

Kriterien für qualitativ hochwertiges Wildfleisch

Der weidmännisch einwandfreie Umgang des Jägers mit dem Wild (Schussabgabe, erste Versorgung des erlegten Wildes) sowie der umgehende Transport in eine Kühlkammer sind für die Fleischqualität absolut entscheidend. Das Wild wird dort heruntergekühlt und bis zur Weiterverarbeitung noch ca. 3 Tage abgehangen. In dieser Zeit wird im Wildkörper Glykogen, die Speicherform des Traubenzuckers, abgebaut und in Milchsäure umgewandelt (Fleischreifung). Dieser Prozess ist für die Zartheit des Fleisches unumgänglich. Danach erfolgt die weitere Verarbeitung, das Zerteilen.

Die (wichtigsten) küchenfertigen Stücke

Rücken
am besten zum Kurzbraten (im Ganzen oder zerteilt in Medaillons)

Die Rückenstränge werden mit Schnitten gegen den Knochen herausgetrennt (ergibt das Rückenfilet).

Schlögel (Keule)
im Ganzen (gebraten, geschmort), zerteilt besonders gut auch zum Kurzbraten

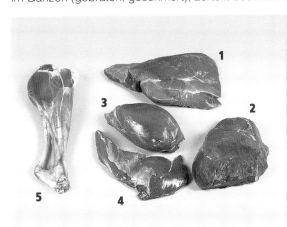

Auslösen des Rehschlögels: mit Schnitten gegen den Knochen das Fleisch unter leichtem Zug von Oberschenkel und Beckenknochen lösen.

Einzelteile des Hinterlaufes:

1 *Frikandeau*
2 *Schale mit Deckel*
3 *Nuss*
4 *Schlussbraten*
5 *Unterschenkel mit Knochen*

ALLGEMEINES

Schulter
zum Braten und Schmoren, zerteilt auch für Ragout

Rippen/Bauchlappen
löst man die Rippen aus, ideal für Rollbraten, sonst für Wildfond, auch zum Kochen von Suppe

Hals
(vom Fachmann ausgelöst) – gefüllt, gebraten, geschmort

Innereien
wenn vom Jäger zu bekommen: Herz, Lunge, Leber, Nieren – für geschmackvolle Gerichte zu verwenden

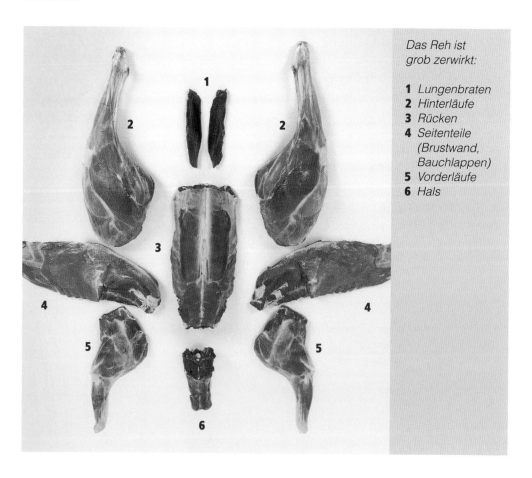

Das Reh ist grob zerwirkt:

1 *Lungenbraten*
2 *Hinterläufe*
3 *Rücken*
4 *Seitenteile (Brustwand, Bauchlappen)*
5 *Vorderläufe*
6 *Hals*

Tipps zur Wildküche und Begriffe aus der Jägerei

Abbalgen
Abziehen des Fells bei einem Hasen

Abhängen
Drei- bis viertägiges Hängenlassen eines Wildkörpers bei etwa 7 °C. Das Abhängen dient der Fleischreifung. Das Fleisch wird zart und mürbe.

Abschwarten
Das Fell eines Wildschweines nennt man Schwarte. Unter Abschwarten versteht man das Abziehen des Fells.

Aufbrechen
Das Aufbrechen geschieht durch den Jäger unmittelbar nach der Erlegung des Wildes.

Bardieren
Um das sehr fettarme Wildfleisch vor dem Austrocknen zu schützen, umwickelt man es vor dem Braten mit dünnen Scheiben Speck. Entfernt man in der letzten Phase des Bratens den Speck, erreicht man eine schöne Bräunung des Fleisches.

Bauchlappen
Die Bauchlappen sind der an die Rippen anschließende Teil der Innenhaut.

Beize
Für die moderne Zubereitung des Wildes ist diese nicht erforderlich!

Blatt
Schulterblatt eines Stückes Wild

Decke
Jäger bezeichnen das Fell von Hirschen, Gams und Rehen als Decke.

Dressieren
Das Dressieren dient der Vorbereitung des bereits beschriebenen Bardierens von Wildgeflügel. Man versteht darunter das Festbinden der Körperteile wie Flügel oder Keulen am Wildkörper. Es soll das Austrocknen dieser Körperteile beim Garen verhindern.

Einfrieren
Zum längeren Lagern kann Wild tiefgefroren werden. Das Wild sollte portioniert abgepackt bei mindestens -18 °C gelagert werden. Dazu sollte man eine Profi-Tiefkühlfolie verwenden. Die für den Haushalt angebotenen Tiefkühlsäcke eignen sich dazu nicht besonders gut. Besser ist es, eine Folie zu verwenden, wie sie auch bei Fleischern in Gebrauch sind. Diese ist absolut luftdicht. Das Einfrieren hat auf das Wildfleisch einen ähnlichen Effekt wie das Abhängen.

Maximale Einfrierdauer	
Wildgeflügel	bis 6 Monate
Wildschweine	bis 6 Monate
Hasen	bis 8 Monate
Rehe	bis 12 Monate
Hirsche	bis 12 Monate

ALLGEMEINES

Enthäuten
Das Enthäuten von Wildfleisch ist eine äußerst wichtige Vorbereitung vor der Verwendung in der Küche. Die Muskelpartien des Wildfleisches sind mit vielen übereinanderliegenden Häuten versehen, die man möglichst vollständig entfernen sollte. Ebenfalls zu entfernen sind Sehnen und außen angelagertes Fett.

Feist
Unter Feist versteht der Jäger im Wildkörper abgelagertes Fett. Es sollte vor der Verwendung des Wildfleisches weitestgehend entfernt werden.

Fleischreifung
Die Fleischreifung wird durch drei- bis viertägiges Abhängen (siehe dort) erzielt, es handelt sich dabei um die Umwandlung von Traubenzucker in Milchsäure.

Jagdzeiten
Frisches Wildbret (je nach Wildart) ist meist ab Anfang Mai bis Ende Dezember erhältlich. Aktuelle Informationen erhält man von Jägern in der näheren Umgebung oder vom regionalen Jagdverband.

Kalb
Jungtier beim Rotwild

Kitz
Jungtier beim Rehwild und Gamswild

Lamm
Jungtier beim Muffelwild

Lecker
bezeichnet die Zunge des Wildes

Maibock
das erste, ganz frische Wildbret des Jahres (die Jagdzeit beginnt wieder!); Zubereitung als ganzen Braten mitsamt den Knochen oder als Ragout.

Parüren
beim Zuputzen übriggebliebene rohe Fleischstücke, Fettgewebe, Sehnen

Schmalreh
Reh im zweiten Lebensjahr

Wildbret
Unter Wildbret versteht man das Fleisch des erlegten Wildes.

Wildbrethygiene
Unter Wildbrethygiene versteht man alle Maßnahmen und Vorschriften, die der Qualitätserhaltung des Wildfleisches dienen.

Wildgewürze
Typische Wildgewürze sind: Wacholderbeeren, Pfefferkörner, Lorbeerblätter, Neugewürz, Nelken, Thymian, Zitronenthymian, Majoran, Oregano, Rosmarin, Petersiliengrün.

Zerwirken
Unter Zerwirken versteht man das Zerlegen eines Wildkörpers in seine einzelnen küchenfertigen Bestandteile.

Allerlei

Wildjus
(wichtige Basis für eine gute Sauce)

4 kg Knochen und Fleischabschnitte

4 kg Wurzelgemüse (Karotten, Sellerie, Lauch, auch Petersiliengrün)

3 Zwiebeln

1 Tube Tomatenmark

1 Flasche Rotwein

Wasser

1 EL Senf

4 EL Preiselbeeren

4 Scheiben Schwarzbrot, in groben Stücken

2 Bio-Orangen, gewaschen, halbiert

8 Wacholderbeeren

5 Lorbeerblätter

4 Zweige Thymian

Liebstöckel

Salz, Pfeffer

Öl

500 g Ribiselmarmelade

ca. 25 g Schokolade (mit Chili)

¼ l Kirschwasser

1 TL Salz

Die grob geschnittenen Zwiebeln in einem entsprechend großen Topf im heißen Öl anrösten. Das klein geschnittene Wurzelgemüse dazugeben und mitrösten.

Tomatenmark unterrühren und mit dem Rotwein ablöschen. Mit Wasser aufgießen, das Kochgut sollte bedeckt sein, ein Mal aufkochen. Eventuell überschüssiges Fett mit einem (Schöpf-)Löffel abschöpfen.

Die restlichen Zutaten dazugeben und 3 bis 4 Stunden bei mittlerer Hitze im offenen Topf köcheln lassen. Anschließend alles durch ein feines Sieb oder die „Flotte Lotte" passieren.

Nun die Marmelade, die Schokolade und das Kirschwasser dazugeben. Mit dem Salz abschmecken und nochmals ein paar Minuten kochen lassen.

Wenn der Wildjus ausgekühlt ist, kann man ihn in kleinere Behälter füllen und so im Tiefkühler auf Vorrat halten.

Tipp :

Wenn man den Jus etwas schärfer mag, kocht man ein Stück Ingwer oder eine Chilischote mit.

Klarer Wildfond
zum Aufgießen von Wildgerichten

Parüren und Wildknochen waschen und trocken-tupfen. In grobe Stücke zerteilen. Suppengemüse (ca. ein Viertel der Menge von Parüren und Knochen) in Würfel schneiden.

Knochen und Fleisch scharf in Öl anbraten, Hitze reduzieren, vorbereitetes Gemüse hinzugeben, ca. 15 Minuten unter oftmaligem Umrühren mitrösten, mit Rotwein ablöschen. Die Gewürze hinzufügen. Bei Bedarf noch Wasser beigeben, so dass das Kochgut bedeckt ist. Bei kleiner Hitze mindestens 2 Stunden offen köcheln lassen (je länger, desto besser).

Durch ein Sieb mit Passiertuch seihen. Nochmals bei mäßiger Hitze köcheln lassen, um zu reduzieren. Fond frisch verwenden oder abkühlen lassen und einfrieren.

Parüren und Wildknochen

Suppengemüse
(Petersilienwurzel, Sellerie,
Lauch, Zwiebel, Karotten)

Salz, Pfeffer

Koriander

Piment

Wacholderbeeren

Lorbeerblätter

Knoblauchzehen, zerdrückt

Rotwein

Öl

Das Brot zum Wild

1 kg Dinkelmehl

750 ml Wasser, lauwarm

1 Pkg. frische Hefe

50 g Brotgewürz
(Piment, Fenchel, Kümmel –
im Ganzen oder fertig im Handel)

20 g Salz (gut wäre Steinsalz)

300 g geschrotete Samenkörner
nach Wahl (z. B. Kürbis, Sonnenblumen)

4 cl Apfelsaft

Die Hefe in etwas lauwarmem Wasser auflösen und kurz stehen lassen.

Das Mehl mit dem Wasser, der Hefe, den Gewürzen und den Samenkörnern auf niedriger Stufe mit dem Knethaken verrühren, den Apfelsaft dazugeben. Den Teig kneten, bis er glatt ist (ca. 5 – 10 Minuten).

Ca. 40 – 45 Minuten an einem mäßig warmen Ort zugedeckt gehen lassen, bis er das etwa 1,5-fache Volumen erreicht hat.

Den Teig aus der Schüssel nehmen, noch einmal gut durchkneten und in einer mit Butter befetteten Kastenform bei 180 °C ca. 1,5 Stunden backen.

Oder Sie fragen den Bäcker ihres Vertrauens um einen „Rohling" (roher Brotteig), vermischen diesen mit Körnern ihrer Wahl und backen ihn nach Anleitung aus.

Kräuterpesto

Pesto macht man am besten
aus den jungen Trieben
aller möglichen Pflanzen
(Kräuter wie Bärlauch,
Sauerampfer etc.,
frische, ganz junge Triebe von
Fichten- oder Lärchenbäumen).

Die Zutaten werden mit einem guten Öl – Menge nach Bedarf – im Zerkleinerer zu einem sehr feinen Brei gemixt.

Nach dem Passieren füllt man das Pesto in saubere, gut verschließbare Gläser ein und gießt etwas Öl obenauf (Luftabschluss). So kann man jedes Pesto über Monate im Kühlschrank aufbewahren.

Essigreduktion

1 l Apfel- oder Birnenessig

1 kg Zucker nach Wahl
(weißer oder brauner Zucker,
Kandiszucker)

Gewürze oder Kräuter
nach Saison und Geschmack

Den Essig mit dem Zucker ca. 30 Minuten offen kochen lassen. Die ausgewählten Kräuter (Lavendel, Waldmeister, Veilchen oder Rosenblüten) dazugeben und kurz mitkochen lassen, bis die gewünschte Geschmacksnuance erreicht ist (immer wieder probieren).

Danach die Kräuter oder Blüten durch Abseihen entfernen und den Essig noch so lange kochen, bis er zähflüssig vom Löffel rinnt. In eine Flasche füllen und gut verschließen. Sollte die Reduktion zu dick geworden sein, einfach mit etwas Essig wieder aufkochen.

Die Essigreduktion passt gut zu Blattsalaten und Süßspeisen, genau so wie ein guter Balsamicoessig.

Möchte man eine bestimmte Geschmacksrichtung, gibt man kurz vor Ende der Kochzeit den gewünschten Geschmacksträger hinzu. Einfach ausprobieren und den eigenen Geschmack finden!

Gewürzsalz

100 g Meersalz

Zesten einer unbehandelten
Orange (oder Zitrone)

oder

Kräuter nach Wahl

Zitronen-, Orangen- oder Kräutersalz kann man gut auf Vorrat herstellen.

Salz und Aromate im Zerkleinerer fein mixen und anschließend im Backrohr bei max. 50 °C trocknen.

In gut verschließbaren Gläsern aufbewahren.

Zirbensaft

15 Zirbenzapfen
(ganz frisch und weich)

5 l Wasser

5 EL Zitronensäure oder
Ascorbinsäure (aus der Apotheke)

300 g Zucker
(vorzugsweise Kandis-
oder Rohrzucker)

Die seitlichen Blättchen werden mit einem kleinen Messer sorgfältig vom Zapfen abgelöst (der Kern enthält Blausäure und soll nicht verwendet werden). Die so gewonnenen Zirbenblättchen mit der Zitronensäure und dem Wasser bei Raumtemperatur 14 Tage in einem ensprechend großen Gefäß zugedeckt stehen lassen.

Danach durch ein feines Tuch in einen Topf seihen und mit dem Zucker aufkochen, bis sich dieser aufgelöst hat.

Den Saft noch heiß in saubere Flaschen füllen, mit einem Korken oder einer Gummikappe verschließen und kühl aufbewahren.

Mit Wasser verdünnt ist dieser Zirbensirup eine ganz besondere Erfrischung an heißen Sommertagen (etwas vom Sirup mit kaltem Wasser aufgegossen), pur als Überguss für Eis, Parfait und Pudding oder zum Ablöschen von kurz gebratenem Wild.

Tipp:

Zirben- oder Lärchenharz lässt sich mit einem Stück Butter ganz leicht von Händen oder Kleidungsstücken entfernen. Die Butter einfach wie eine Handcreme in die Hände einmassieren und mit warmem Wasser abwaschen.

Vorspeisen und Suppen

„Wilde Vögel" mit gebratenen Zwiebeln (ein Brotaufstrich als Appetithappen)

1 kg Stücke von Wildgeflügel
(Flügel, Hals, Magen, Abschnitte,
Haut von z. B. Ente, Fasan etc.)

1 Bund Suppengemüse und -grün

1 Zimtstange

Lorbeerblätter

2 TL Lebkuchengewürz

1 Zwiebel

1 Karotte

1 Gelbe Rübe

Salz, Pfeffer

2 Knoblauchzehen

4 Zwiebeln (etwa gleich groß)

2 Knoblauchzehen

1/8 l Schlagobers

200 g Bauchspeck,
sehr fein geschnitten

Salz, Pfeffer

250 g festen Bergkäse oder Parmesan

1 Bund gemischte Kräuter

Öl

Hausbrot

Das Geflügelfleisch mit Salz und Pfeffer würzen. In eine tiefe Kasserolle geben und mit den Gewürzen (Zimtstange, Lorbeerblätter, Lebkuchengewürz) bestreuen. Das Suppengemüse dazugeben und reichlich Wasser aufgießen. Im Backrohr bci 160 °C ca. 3 - 4 Stunden braten. Dabei immer darauf achten, dass genügend Wasser in der Kasserolle ist. Sobald sich das Fleisch leicht von den Knochen lösen lässt, das Bratgut aus dem Ofen nehmen und abkühlen lassen.

Das Fett, das sich dabei oben absetzt, abschöpfen und zur Seite geben.

Das Fleisch von den Knochen ablösen und klein zupfen. Die Zwiebel fein hacken und in einem Teil des abgeschöpften Fettes anschwitzen. Zum Schluss den feingehackten Knoblauch und die klein geschnittene Karotte und Rübe dazugeben und kurz mitbraten. Anschließend mit dem Geflügelfleisch mischen und in Gläser füllen (kleine Rexgläser mit Deckel sehen sehr nett aus). Das restliche abgeschöpfte Fett über das Fleisch gießen, bis es von diesem bedeckt ist. Im Kühlschrank einige Stunden fest werden lassen.

Die ganzen Zwiebeln in reichlich Wasser ca. 10 – 15 Minuten lang nicht zu weich kochen und dann abkühlen lassen. Danach den jeweils oberen Teil der Zwiebel abschneiden und aushöhlen. Die Masse klein schneiden und in etwas Öl kurz andünsten. Etwas von den gehackten Kräutern, den Knoblauch und Schlagobers dazugeben und kurz einkochen lassen. Mit Salz und Pfeffer abschmecken.

Die Zwiebeln mit dem Speck fest umwickeln (eventuell mit Zahnstocher befestigen) und auf ein Backblech setzen. Die gedünstete Zwiebelmasse einfüllen und mit einem Häufchen geriebenen Bergkäse belegen. Im vorgeheizten Backrohr (200 °C) ca. 20 – 25 Minuten backen. Mit frischen, gehackten Kräutern bestreuen.

Die Gläser mit der Geflügelpastete auf Teller setzen, die heißen Zwiebeln dazugeben und mit warmem Hausbrot (oder auch getoastetem Schwarzbrot) servieren.

Tipp:

Wenn Sie Brot auf Vorrat machen, backen Sie es nur halbfertig und frieren es ein. Wenn das Backrohr, so wie bei den Zwiebeln, in Betrieb ist, kann das Brot mitgebacken werden.

Dreierlei Wildschinken an Blattsalaten

je ca. 100 g geräucherter Schinken
von Reh, Hirsch und Wildschwein,
sehr dünn geschnitten

250 g Butternusskürbis

100 g Kichererbsen, getrocknet
(oder aus dem Glas)

verschiedene Blattsalate wie Lollorosso,
Eichblatt, Radicchio, Rucola

brauner Zucker

Aceto balsamico

Olivenöl

Rotweinessig

Zwiebel, fein gehackt

Kerbel und Schnittlauch, gehackt

Salz, Pfeffer

Die Kichererbsen über Nacht in kaltem Wasser einweichen. Wasser abschütten, mit frischem Wasser aufstellen und kernig kochen, ca. 45 Minuten (im Druckkochtopf ca. 15 Minuten). Abseihen, erkalten lassen, leicht salzen.

Eine Vinaigrette aus Olivenöl, Rotweinessig, Zwiebel, Kerbel, Schnittlauch, Salz und Pfeffer bereiten.

Den würfelig geschnittenen Kürbis in einer Pfanne mit etwas Butter anschwitzen, 1 EL braunen Zucker und guten Aceto Balsamico hinzufügen. So lange in der Pfanne unter oftmaligem Durchmischen schmoren, bis alles leicht karamellisiert und der Kürbis cremig überzogen ist.

Die Blattsalate anrichten, mit der Vinaigrette beträufeln, darüber die lauwarmen Kürbiswürfel und die Kichererbsen streuen, die Schinkenstreifen gefällig darüber drapieren. Mit frisch gemahlenem, grobem Pfeffer würzen.

Dazu passen gut mit etwas Olivenöl beträufelte und mit frisch gehacktem Rosmarin bestreute, getoastete Weißbrotscheiben.

Gehacktes Hirschtartare auf Pumpernickel

Das Fleisch mit einem scharfen Messer ganz fein hacken. So auch den Fenchel. Das Gehackte vermengen, mit Trüffelöl (sparsam!) und Salz, Pfeffer würzen.

Pumpernickel rund ausstechen (Durchmesser ca. 5 cm). Den Ring nicht sofort wegnehmen, sondern gleich mit dem Tartare etwas auffüllen, dann erst vorsichtig abnehmen.

Mit etwas Fenchelgrün und ganz wenig, gerissenem Kren garnieren.

250 g Hirschrückenfilet

1 kleine Fenchelknolle

Trüffelöl

Salz, Pfeffer

8 Scheiben Pumpernickel

etwas frischer Kren

Hirschcarpaccio mit Walderdbeeren und Weißbrotchips

350 g Hirschrückenfilet

4 – 6 EL Walderdbeeren

4 EL Olivenöl

2 EL Birnenessig

etwas frischer Kren

Salz, Pfeffer

Weißbrot

Das Hirschrückenfilet von allen Häutchen befreien und mit einem scharfen Messer in sehr dünne Scheiben schneiden. Unter Frischhaltefolie ganz dünn klopfen. 4 Teller gleichmäßig mit den Scheiben belegen.

Mit dem Olivenöl, dem Essig, einigen Walderdbeeren, Salz, Pfeffer eine Emulsion rühren, das geht besonders gut in einem Dressingshaker.

Die Emulsion über das Carpaccio träufeln. Darüber Walderdbeeren streuen. Etwas vom Kren grob darüberreiben.

Dazu die Weißbrotchips reichen – dünn geschnittenes Weißbrot in einer Pfanne in Olivenöl knusprig werden lassen.

Hirschcarpaccio
nach Alpen-Adria-Art

Den Radicchio jeweils in 4 Teile schneiden. In hei-ßem Olivenöl von allen Seiten leicht anbraten, etwas gerebelten Zitronenthymian beigeben, mit dem Aceto Balsamico ablöschen. Leicht salzen und pfef-fern – auskühlen lassen.

Das Hirschrückenfilet von allen Häutchen befreien, in Klarsichtfolie wickeln und in Alufolie einrollen. Durch das Zudrehen der beiden Enden wird das Rückenfilet in eine einigermaßen gleichmäßige Form gebracht.

In das Tiefkühlfach geben und etwas anfrieren las-sen. Herausnehmen und mit einem scharfen Messer oder mit der Schneidemaschine in dünne Scheiben schneiden.

4 Teller gleichmäßig mit den Scheiben belegen, mit Salz und Pfeffer würzen, leicht mit Olivenöl beträu-feln.

Den Radicchio darüberlegen, etwas grob geras-pelten Montasiokäse darüberstreuen, mit einigen Zitronenthymianzweigen dekorieren, servieren.

350 g Hirschrückenfilet

4 Stk. Radicchio Trevisiano

Aceto Balsamico

Olivenöl

150 g Montasiokäse
(mittelalt, oder anderer Bergkäse)

Zitronenthymian oder Thymian
(Zweige, und auch gerebelt)

Hirschsülzchen an einer Vinaigrette

750 g Hirschfleisch
von der Schulter ohne Knochen

150 g Suppengemüse
(Karotten, Gelbe Rüben, Lauch)

1 Bund Frühlingszwiebeln

10 Blatt Gelatine

1 l Wildbrühe
oder klare Gemüsebrühe

Salz, Pfeffer

1 Lorbeerblatt

1 rote Zwiebel

50 g Zuckererbsenschoten

1 Ei, hartgekocht

Salz, Pfeffer

Essig, Öl

150 g kleine Waldpilze,
frisch oder eingelegt

Die ausgelöste Wildschulter sauber waschen und mit Salz, Pfeffer und dem Lorbeerblatt in ca. 1 l Wasser 45 Minuten kochen. Aus dem Kochwasser nehmen und auskühlen lassen. Die so entstandene Fleischbrühe aufheben.

Das Suppengemüse in kleine Würfel schneiden und in der Fleischbrühe nicht zu weich kochen. Das Hellgrüne der Frühlingszwiebeln in ca. 5 mm dicke Ringe schneiden und ganz kurz (1 Minute) in der Brühe blanchieren. Das Gemüse abseihen, unter kaltem Wasser abschrecken. Die aufgefangene Brühe separat durch ein feines Tuch oder Etamin gießen.

Die Gelatine in kaltem Wasser gut einweichen, gut ausdrücken und in der heißen Brühe auflösen.

Das ausgekühlte Fleisch in ca. 1 x 1 cm große Würfel schneiden und mit dem gekochten Gemüse zur Brühe geben. Auskühlen lassen. Wenn die Masse zu stocken beginnt, eine Kastenform mit kaltem Wasser ausspülen und mit Frischhaltefolie auslegen. Die Masse vorsichtig einfüllen und über Nacht im Kühlschrank fest werden lassen.

Für die Vinaigrette die Zwiebel, die Zuckererbsenschoten und das gekochte Ei in ganz feine Würfel schneiden und mit Salz, Pfeffer, Essig und Öl verrühren.

Frische, geputzte Pilze kurz in etwas gesalzenem Wasser blanchieren.

Die Kastenform mit der Unterseite ganz kurz unter heißes Wasser halten und die Sulzmasse auf ein Brett stürzen. Diese in fingerdicke Scheiben schneiden und mit den Pilzen anrichten, mit der Vinaigrette überziehen.

Dazu passen Blattsalate und frisches Gebäck.

Hirschschinken
mit Walderdbeervinaigrette

400 g Hirschschinken, geräuchert

400 g frische Walderdbeeren

1 TL Zitronensaft

1 TL kalt gepresstes Sonnenblumenöl

1 TL Obstessig

Salz, Pfeffer

Den Zitronensaft mit dem Essig und dem Öl sowie Salz und Pfeffer zu einer Marinade rühren (Emulsion). Die Walderdbeeren sauber verlesen und kurz in der Marinade schwenken.

Den Wildschinken hauchdünn schneiden und auf einem Teller auflegen. Die Erdbeervinaigrette dazugeben und mit etwas grobem Pfeffer bestreuen.

Dazu passt warmes Hausbrot oder Baguette.

Sülzchen vom Reh
mit lauwarmem Kartoffel-Jungzwiebelsalat

Das grob zerkleinerte Rehfleisch mit dem grob geschnittenen Wurzelgemüse und den übrigen Zutaten in kaltem Wasser aufsetzen und etwa 1 Stunde langsam köcheln lassen, bis das Fleisch weich ist.

Das Fleisch aus der Brühe nehmen und in kleine Würfel schneiden. Dieses mit dem fein gewürfelten, in Salzwasser knackig gekochten Gemüse vermengen und die ebenfalls fein würfelig geschnittenen Roten Rüben mit der Petersilie und dem Kren hinzugeben. Die Mischung in eine vorher mit Frischhaltefolie ausgekleidete Terrinenform geben.

Die in kaltem Wasser eingeweichte und ausgedrückte Gelatine in die (vorher gut abgeschmeckte) heiße Brühe einrühren und über die Fleisch-Gemüse-Mischung in der Terrinenform gießen. Über Nacht kalt stellen.

Die Terrine stürzen, in Scheiben schneiden.

Mit lauwarmem Kartoffelsalat, dem man in feine Ringe geschnittenen Jungzwiebel beifügt, anrichten und gefällig dekorieren.

500 g Rehfleisch,
am besten aus der Schulter

80 g Wurzelgemüse
(Sellerie, Karotten)

je 20 g Zwiebel und Lauch

2 Lorbeerblätter

½ TL Pimentkörner

1 l Wasser

Salz, ein paar Pfefferkörner

180 g Gelbe Rüben, Sellerie
und gekochte Rote Rüben

2 EL Petersilie, gehackt

½ EL Kren, fein gerieben

9 Blatt Gelatine

(Jungzwiebel)

31

Hirschschinken
mit frischen Erdbeeren und Ricotta

12 Stück frische,
größere Erdbeeren

24 Blatt Wildschinken,
hauchdünn geschnitten

200 g Rucola
oder Vogerlsalat

Saft von 1 Orange
oder Grapefruit

Salz

Olivenöl

250 g Ricotta

Parmesan

100 g Pinien-
und Pistazienkerne

Balsamicoreduktion

frische Minze
oder Zitronenmelisse

Die Erdbeeren (als Alternative können auch größere, gut reife Feigen genommen werden) vorsichtig waschen und trocknen. An der Oberseite kreuzweise einschneiden und leicht auseinanderdrücken, bis ein kleiner Korb entsteht. Den Wildschinken ganz locker auf einen Teller drapieren.

Den Salat waschen und trocken schleudern und neben dem Schinken anrichten. Mit einer Marinade aus Orangensaft, Salz und Olivenöl (die man am besten mit einem Quirl zu einer Emulsion aufschlägt) beträufeln.

Den glatt gerührten Ricotta großzügig, aber vorsichtig mit einem kleinen Löffel in die Einschnitte der Erdbeeren bzw. Feigen geben, diese dann auf den Salat setzen. Parmesan mit einer groben Reibe darüberreiben.

Mit den in einer trockenen Pfanne gerösteten und anschließend gehackten Pistazien- und Pinienkernen bestreuen, mit der Balsamicoreduktion überziehen.

Mit frischer Minze oder Zitronenmelisse dekorieren.

Tartare vom Gams

500 g Gamsrückenfilet

Salz, Pfeffer

1 rote Zwiebel

5 - 10 Salzkapern

1 Chilischote

1 EL Englischer Senf

1 EL Nussöl

1 TL Ingwer, gerieben

½ unbehandelte Zitrone
(Saft und die fein abgeriebene Schale)

frische Kräuter
(z. B. Schnittlauch, Kerbel)

Das Wildfilet in dünne Streifen schneiden und mit einem sehr scharfen Messer fein hacken (nicht faschieren!).

In einer Schüssel die fein gehackte Zwiebel und die Kapern mit den übrigen Zutaten gut verrühren und erst zum Schluss das Fleisch behutsam untermengen, mit frischen Kräutern abschmecken.

Mit getoasteten Schwarzbrotscheiben servieren.

Als Beilage eignen sich alle Wild- und Feldsalate (wie z. B. Rucola, Vogerlsalat, Löwenzahn, Bachkresse).

Mousse vom Gams
in Rotwein-Johannisbeergelee

Die in kaltem Wasser eingeweichte und gut ausge-drückte Gelatine in den warmen Fond geben, auf-lösen. Rotwein und Johannisbeergelee hinzugeben. Leicht abkühlen lassen. Kleine Portionsförmchen damit ausgießen, so dass das Gelee die Förmchen „auskleidet", kalt stellen.

In den Fond die Gewürze und den Portwein geben, zum Kochen bringen, etwas reduzieren. Bei kleiner Hitze den Schlagobers beigeben und noch ein paar Minuten leicht köcheln lassen.

Abseihen (die Gewürze entfernen) und mit einem Mixer die Flüssigkeit gut aufschlagen.

Die in kaltem Wasser eingeweichte Gelatine gut ausdrücken und in die noch warme Masse einrüh-ren. Mit Salz und Pfeffer gut würzen.

Der steif geschlagene Schlagobers wird dann in die beinahe gestockte Masse untergehoben.

In die vorbereiteten Förmchen füllen. Ca. 4 Stunden im Kühlschrank fest werden lassen.

450 ml starker Fond vom Gams

150 ml kräftiger Rotwein

4 EL Johannisbeergelee

7 Blatt Gelatine

500 ml starker Fond vom Gams

½ TL Zitronenthymian

1 kleines Lorbeerblatt

8 Pfefferkörner

5 Pimentkörner

4 cl Portwein

150 ml Schlagobers

4 Blatt Gelatine

250 ml Schlagobers (geschlagen)

Salz, Pfeffer

Klare Wildsuppe mit Wildfarcenockerl

Suppe:

500 g Wildknochen und Abschnitte

1 Bund Suppengemüse
(Karotten, Sellerie, Gelbe Rüben)

5 Wacholderbeeren

3 Lorbeerblätter

Salz, Pfeffer

1 großer Zweig Liebstöckel

Klärfleisch:

200 g Wildfleischabschnitte
ohne Knochen

100 g Suppengemüse

Salz, Pfeffer

1 Lorbeerblatt

2 Wacholderbeeren

2 Eiweiß

Farcenockerl:

100 g Wildfleisch mager

50 g Suppengemüse

250 ml Schlagobers

1 EL Brösel

Salz, Pfeffer

Für das Klärfleisch am Vortag die Wildabschnitte und das Suppengemüse fein faschieren und mit Salz, Pfeffer, dem Lorbeerblatt und den zerdrückten Wacholderbeeren mischen. Das Eiweiß unterrühren und im Kühlschrank mindestens 12 Stunden durchkühlen.

Für die Suppe werden die Wildknochen und die Abschnitte in kaltem Wasser zugesetzt und langsam aufgekocht. Der dabei aufsteigende Schaum wird vorsichtig immer wieder abgeschöpft.

Nunmehr die Gewürze und das grob geschnittene Suppengemüse hinzugeben. Gut 1,5 Stunden auf kleiner Flamme köcheln lassen. Vom Herd nehmen, abseihen und die Suppe kalt stellen.

Wenn sich auf der kalten Suppe eine Fettschicht gebildet hat, diese abnehmen. Das Klärfleisch vorsichtig in die kalte Suppe geben, diese wieder auf den Herd stellen und langsam erwärmen. Stellen Sie einen Kochlöffel in die Suppe, damit das Klärfleisch daran anhaften kann.

Wenn die Flüssigkeit ganz sanft köchelt, wird nach ca. 30 Minuten das Klärfleisch zu einer kompakten, am Kochlöffel anhaftenden Masse, man kann es dann vorsichtig aus dem Topf heben. Die Suppe ist nun ganz klar.

Für die Nockerl wird das Suppengemüse kleinwürfelig geschnitten und in Salzwasser kurz gekocht (bissfest!).

Das magere, gut gekühlte Wildfleisch wird mit dem Schlagobers im Zerkleinerer fein gemixt, mit dem Suppengemüse und den Bröseln vermischt, mit Salz und Pfeffer abgeschmeckt, mit einem Esslöffel zu Nockerln geformt. Diese werden anschlie-

ßend im leicht wallenden, etwas gesalzenen Wasser vorsichtig gegart, also ca. 10 Minuten pochiert. Herausheben und in der heißen Wildsuppe anrichten.

Variante:

Will man eine gebundene Suppe zubereiten, kann das Klären unterbleiben.

Aus 2 EL Butter und 2 EL Mehl wird eine hellbraune Einbrenn gemacht, diese löscht man mit einem Schuss Weißwein ab und gießt mit der heißen Suppe auf. Auf kleiner Flamme köcheln lassen, bis die Suppe die gewünschte Konsistenz erreicht hat. Mit Salz und Pfeffer würzen und eventuell mit einem Schuss Obstbrand oder Apfelsaft abschmecken.

Als Einlage reicht man feinnudelig geschnittenes Wildfleisch (kann man vorher in der Suppe mitkochen) oder geröstete Schwarzbrotwürfel und klein gehackte Kräuter.

Essenz vom Gams mit Kräuterfrittaten

1 – 1,5 kg Parüren (Zuschnittteile von Gamsfleisch) und Knochen

2 Karotten

2 Gelbe Rüben

2 Zwiebeln

2 Knoblauchzehen

½ Sellerieknolle

1 Petersilienwurzel

Lauch, Selleriegrün, Petersiliengrün

ein paar Wacholderbeeren, Piment- und Pfefferkörner

3 Blatt Lorbeer

Salz

Öl

75 ml Milch

2 Eigelb

60 g Mehl

Prise Salz

weißer Pfeffer

etwas Muskatnuss, frisch gerieben

25 g Butter

1 EL Schnittlauch, fein geschnitten

1 EL glatte Petersilie, fein gehackt

Die Zuschnittteile sollen nicht zu groß sein, die Knochen klein gehackt. Diese in heißem Öl unter Umrühren anrösten, grob geschnittenes Wurzelwerk und die gewürfelten Zwiebeln hinzugeben und anschwitzen.

Mit 3 l Wasser auffüllen, die übrigen Zutaten beifügen und bei mäßiger Hitze im offenen Topf mehrere Stunden köcheln lassen (die Flüssigkeit soll leicht wallen).

Die Suppe durch ein Tuch abseihen und dann noch weiter – auf ca. 50% der ursprünglichen Flüssigkeitsmenge – reduzieren. Mit Salz gut abschmecken.

Für die Kräuterfrittaten Milch und Eigelb verquirlen, das Mehl, Salz, Pfeffer, Muskat sowie die geschmolzene Butter dazu geben, glatt rühren. Die Kräuter untermischen.

Die Masse ca. 30 Minuten quellen lassen. Mit einem Schöpflöffel die Masse in eine beschichtete Pfanne (18 cm Durchmesser) – ohne Fett – eingießen und die Palatschinken backen. Jede einzeln aufrollen und in dünne Streifen schneiden.

Die heiße Essenz mit den Kräuterfrittaten in eine Bouillontasse geben, mit fein geschnittenem Schnittlauch bestreuen.

Hauptspeisen

HAUPTSPEISEN

Rehnüsschen mit Kartoffel-Lavendel-Plätzchen und Spargelschaum

Für den Spargelschaum die Butter in einer Pfanne aufschäumen lassen, den vorgekochten, in kleine Stücke geschnittenen Spargel (Köpfe – ca. 4 cm lang, beiseite geben) und Zucker hinzufügen. Leicht karamellisieren lassen. Mit dem Spargelfond aufgießen und ca. 20 Minuten köcheln lassen. Im Mixer pürieren und durch ein feines Sieb streichen. Diese Basisflüssigkeit mit Salz und Pfeffer würzen und auf kleiner Flamme auf ein Drittel reduzieren. Kurz vor dem Anrichten mit etwas Sahne und einem kleinen Stück kalter Butter binden und im Mixer schaumig aufschlagen.

Die Kartoffeln schälen, in nicht zu große Stücke schneiden, weich kochen, ausdämpfen lassen und durch eine Kartoffelpresse drücken. Den in einem Mörser mit etwas Salz fein geriebenen Lavendel in die Kartoffelmasse geben, mit den übrigen Zutaten zu einer homogenen Masse verrühren.

Aus dieser eine Rolle formen und Scheiben abschneiden. Mit der Hand die Plätzchen formen, sie sollten ca. 1 cm dick sein und etwa 8 cm im Durchmesser haben. In Butterschmalz von beiden Seiten goldgelb braten.

Das sorgfältig parierte Rehrückenfilet in gleich große Stücke (Nüsschen, Medaillons) schneiden. Mit Salz und Peffer würzen. Im heißen Öl von allen Seiten scharf anbraten und im Rohr bei 100 °C ca. 3 Minuten zugedeckt ruhen lassen.

Die Rehnüsschen (sollten innen schön rosa sein) mit den Kartoffelplätzchen auf vorgewärmten Tellern anrichten. Den Spargelschaum mit einem Löffel über die Nüsschen verteilen. Besonders dekorativ sieht es aus, wenn man zum Schluss noch frische Lavendelzweige darüberlegt. Auch die beiseite gegebenen Spargelspitzen können hier Verwendung finden.

600 g Rehrückenfilet

Salz, Pfeffer

2 EL Olivenöl

8 knackig gekochte Spargelstangen

1 EL Zucker

250 ml Spargelfond

1 EL Sahne

Salz, Pfeffer

1 EL Butter

300 g mehlige Kartoffeln

½ TL getrocknete Lavendelblüten

Salz

2 EL Crème fraîche

1 EL Sahne

2 Eigelb

1 EL Mehl

1 EL Butterschmalz zum Braten

evtl. frische Lavendelzweige

Rehmedaillons natur an Rhabarberragout und gebackenen Rhabarberblüten

500 g Rehfleisch
vom Rücken oder Schlögel
(in gleichmäßige Medaillons
geschnitten)

Salz, Pfeffer

1 EL scharfer Senf

250 g Rhabarber

1 EL Butter

50 g Preiselbeeren

2 cl Calvados

2 cl Apfelsaft

1 EL Stärkemehl

4 große Rhabarberblüten

100 g Mehl

1/8 l Apfelsaft und
Mineralwasser gemischt

1 Prise Salz

Öl zum Ausbacken

Den Rhabarber schälen und in ca. 2 cm große Stücke schneiden.

Butter in einer Pfanne schmelzen, Rhabarberstücke und Preiselbeeren dazugeben und kurz durchschwenken. Mit Calvados ablöschen. Das Stärkemehl im Apfelsaft auflösen und zum Ragout geben. Kurz einkochen lassen, danach warm stellen.

Die Rhabarberblüten unter fließendem Wasser kurz waschen und gut abtropfen lassen. Aus dem Mehl, dem Apfelsaft, dem Mineralwasser und dem Salz einen dicken Backteig rühren und ca. 10 Minuten quellen lassen. Bei Bedarf noch etwas Mineralwasser dazugeben.

Die Blüten durch den Backteig ziehen und im heißen Fett goldbraun backen. Auf einem Küchenpapier abtropfen lassen.

In der Zwischenzeit die Medaillons salzen, pfeffern, mit dem Senf bestreichen und in heißem Fett beidseitig anbraten. Von der Herdplatte nehmen und zugedeckt ein paar Minuten rasten lassen.

Schließlich mit dem Ragout und den gebackenen Blüten anrichten.

HAUPTSPEISEN

HAUPTSPEISEN

Rehtürmchen mit weißem Spargel und Orangenhollandaise

Den Spargel schälen und (mit der Aufschnittmaschine) der Länge nach in ca. 3 mm dünne Scheiben schneiden. In der Butter kurz andünsten und zur Seite stellen, warm halten.

Die Rehschnitzel salzen und pfeffern und im Öl kurz anbraten. Aus der Pfanne nehmen, warm halten.

Den Weißwein und den Orangensaft mit dem Salz aufkochen und auf Handwärme abkühlen.

Dann wieder auf den Herd stellen und die zerlassene Butter und den Eidotter rasch mit einem Schneebesen oder dem Quirl einschlagen, bis eine cremige Masse entsteht (nicht zu heiß werden lassen, da sonst der Eidotter gerinnt).

Die Rehschnitzel auf einem vorgewärmten Teller abwechselnd mit dem Spargel zu einem Türmchen aufschichten und mit der Orangenhollandaise übergießen (nappieren). Mit rotem Pfeffer bestreuen.

500 g Rehfleisch
vom Rücken oder Schlögel
(in ca. ½ cm dünne Schnitzel
geschnitten)

Salz, Pfeffer

1 EL Öl

1 TL roter Pfeffer

6 Stangen Solospargel

1 EL Butter

1/8 l Weißwein

1/16 l Orangensaft
(frisch gepresst)

1 Prise Salz

1 EL Butter

1 Eidotter

Rehrückensteak mit gefüllten, gebratenen Zwiebeln und Waldpilzen

700 g Rehrücken ausgelöst
(kann auch aus der Nuss
vom Schlögel sein)

Salz, Pfeffer

1 EL Senf

8 Zweige Rosmarin

3 EL Rapsöl zum Braten

¼ l Wildjus

4 große weiße Zwiebeln

50 g Bauchspeck

Salz, Pfeffer

1 EL Butter

160 g Waldpilze (Steinpilze,
Maronenröhrlinge oder andere)

1 EL Butter

Die Zwiebeln schälen und in kochendem Wasser ca. 10 Minuten blanchieren, kalt abschrecken, aushöhlen und auf ein Backblech setzen.

Den Bauchspeck in kleine Würfel schneiden und in einer Pfanne etwas anlaufen lassen. Das Innere der ausgehöhlten Zwiebeln ebenfalls in kleine Würfel schneiden, mit Salz und Pfeffer würzen und zu den Speckwürfeln geben. Diese Masse in die ausgehöhlten Zwiebeln füllen. Mit etwas Butter belegen und im vorgeheizten Backofen bei 200 °C ca. 10 Minuten backen.

Den Rehrücken von Haut und Sehnen befreien und in acht gleich große Stücke schneiden. Mit Salz und Pfeffer würzen und mit Senf bestreichen. Die Rosmarinzweige in etwa 4 cm lange Stücke brechen und die Steaks damit spicken. Öl in einer Pfanne heiß werden lassen und diese darin rundherum kurz anbraten. Mit dem fertigen Wildjus aufgießen. Zugedeckt einige Minuten ziehen lassen.

Die Waldpilze sorgfältig säubern (am besten mit einem Pinsel) und in ca. 1 cm dicke Scheiben schneiden. Diese in einer Pfanne in heißer Butter kurz anbraten, leicht salzen.

Die Rehsteaks auf warmen Tellern mit den Zwiebeln und den Waldpilzen anrichten und die Sauce nach Belieben dazugeben.

Wildspießchen

600 g Fleisch aus dem Rehschlögel

300 g kleine Champignons

100 g Lardo (italienischer Speck, alternativ: Bauchspeck), dünn geschnitten

100 g Paprika (rot, grün)

100 g Zwiebel

Salz, Pfeffer

Zitronenthymian

Olivenöl

Das Fleisch sowie Lardo, Paprika und Zwiebel in ca. 3 x 3 cm große Stücke schneiden. Die Champignons im Ganzen lassen. Alle Zutaten abwechselnd auf Holzspießchen stecken.

Mit Pfeffer würzen, leicht salzen und mit gerebeltem Zitronenthymian bestreuen.

In einer Grillpfanne Olivenöl erhitzen, die Spießchen von allen Seiten insgesamt ca. 5 Minuten grillen.

Dazu passt sehr gut z. B. Cumberlandsauce und knuspriges Baguette.

Rehnüsschen zartrosa gebraten, mit Himbeergeist-Rosinen

Die Rosinen kurz blanchieren, abschrecken und mit dem Himbeergeist in einem gut verschlossenen Gefäß für 1 Tag bei Zimmertemperatur ansetzen.

Die Eierschwammerl in grobe Stücke teilen. In einer Pfanne je 1 EL Butter und Öl heiß werden lassen, die Eierschwammerl darin anbraten. Sobald das Wasser austritt, die Eierschwammerl abseihen und abtropfen lassen. Restliche Butter heiß werden lassen, Zwiebel darin anschwitzen, Knoblauch hinzugeben, dann die Schwammerl. Mit Salz und Pfeffer würzen. Schlagobers beifügen und auf kleiner Flamme cremig einkochen lassen. Die Eierschwammerl sollen noch knackig sein. Am Schluss die Petersilie untermengen.

Den Rehrücken in gleich große Stücke schneiden. Mit Salz und Pfeffer würzen. Öl in eine Pfanne heiß werden lassen und das Fleisch bei mittlerer Hitze auf beiden Seiten anbraten (je ca. 2 Minuten). In Alufolie gewickelt im Rohr bei 80 °C noch ca. 4 Minuten rasten lassen.

In dieselbe Pfanne nunmehr die Himbeergeist-Rosinen geben, mit wenig Wildfond aufgießen, mit etwas in kaltem Wasser aufgelöstem Stärkemehl binden.

Die Medaillons auf dem Schwammerlsockel anrichten, die Rosinen darüberstreuen, mit etwas Sauce beträufeln.

Als Beilage empfehlen sich z. B.: Schupfnudeln, siehe BEILAGEN.

600 g ausgelöster Rehrücken

Salz, Pfeffer

Öl zum Braten

800 g Eierschwammerl

2 EL Zwiebeln, fein gehackt

½ TL Knoblauch, fein gehackt

1 EL Petersilie, fein gehackt

3 EL Schlagobers

2 EL Butter

1 EL Öl

Salz, Pfeffer

5 EL Rosinen (gute Qualität, ungeschwefelt)

4 cl Himmbeergeist

ca. 1/8 l Wildfond

ca. 1/2 TL Stärkemehl

Rehrückenfilet mit Safranäpfeln und Polentatalern

600 g Rehrückenfilet

Salz, Pfeffer

2 EL Olivenöl

3 säuerliche Äpfel

Saft von 1 Zitrone

125 ml Apfelsaft

1 EL brauner Zucker

3 EL Ahornsirup

etwas Safran

Polentataler,
siehe BEILAGEN

Die Äpfel schälen, mit einem Ausstecher das Kerngehäuse entfernen, in ca. 1 cm dicke Scheiben schneiden. Sofort mit Zitronensaft bestreichen, damit diese hell bleiben.

Apfelsaft, Ahornsirup, braunen Zucker und einige Safranfäden in ein breites, flaches Geschirr geben, aufkochen lassen. Sirupartig einkochen. Hitze reduzieren, die Apfelscheiben dazugeben und auf jeder Seite ca. 3 – 4 Min. weich werden lassen (kernig, nicht zerkochen!).

Rehrückenfilet salzen, pfeffern und in gleichmäßige Stücke schneiden. In einer Pfanne Olivenöl erhitzen. Das Fleisch in die Pfanne geben und von beiden Seiten ca. 2 Minuten scharf anbraten. Aus der Pfanne nehmen, in Alufolie packen und im Rohr bei 80 – 100 Grad weitere 5 Minuten ruhen lassen.

Auf vorgewärmten Tellern die Filetstücke zusammen mit den Apfelscheiben und der gebratenen Polenta anrichten. Über die Apfelscheiben etwas vom Sirup geben.

HAUPTSPEISEN

Rehmedaillons im Kräuter-Pistazien-Mantel, dazu Spargel und Bärlauch-Stampfkartoffeln

Den Spargel schälen. Wasser mit etwas Salz, Butter und ein wenig Zucker aufkochen, Spargel hinein-stellen, bissfest kochen. Warm stellen.

Die Pistazienkerne fein hacken und mit den eben-falls fein gehackten Kräutern vermengen.

Das Rehrückenfilet in gleichmäßig große Stücke schneiden. Mit Salz und Pfeffer würzen. Öl in einer Pfanne heiß werden lassen und die Medaillons darin auf jeder Seite ca. 3 Minuten anbraten. Zugedeckt kurz rasten lassen.

Die Butter in einer Kasserolle heiß werden lassen, so dass sie leicht bräunlich wird („braune Butter").

Nunmehr die Medaillons in dem Pistazien-Kräuter-Gemisch wälzen. Diese Mischung sollte das Fleisch von allen Seiten gut bedecken.

Am Teller mit dem Spargel und den Bärlauch-Stampfkartoffeln anrichten. Über den Spargel und die Kartoffeln etwas von der braunen Butter träufeln.

600 g Rehrückenfilet

Salz, Pfeffer

1 EL Olivenöl

12 Stangen Spargel

Salz

Prise Zucker

kleines Stück Butter

100 g Pistazienkerne, ausgelöst

3 EL frische Kräuter
(z. B. Zitronenthymian,
Kerbel, Petersilie)

3 EL Butter

Bärlauch-Stampfkartoffeln,
siehe BEILAGEN

53

Wildroulade im Kohlmantel
dazu Süßkartoffel-Maroni-Mousseline

8 Stk. kleinere Schnitzel vom Reh
(aus der Keule geschnitten)

1 Kopf Wirsingkohl

je 3 gehäufte EL Wurzelgemüse
(Karotten, Sellerie, Gelbe Rüben),
fein gehackt

100 g feines Wurstbrät (vom Fleischer)

1 TL Zitronenthymian oder Thymian

1 TL Petersilie, fein gehackt

1 kleine Zwiebel, fein gehackt

Salz, Pfeffer

16 Scheiben vom Bauchspeck,
sehr dünn geschnitten

Öl zum Braten

Süßkartoffel-Maroni-Mousseline,
siehe BEILAGEN

Kohlblätter vorsichtig ablösen, waschen, das grobe Rippenstück wegschneiden und für 3 – 5 Minuten in kochendes, gut gesalzenes Wasser geben. Herausnehmen, kalt abschrecken, auf Küchenpapier trocknen.

Die Schnitzel unter Frischhaltefolie legen und vorsichtig klopfen. Die Zutaten für die Fülle vermengen, durch das Wurstbrät erhält diese die Bindung. Auf jedes der Schnitzel die entsprechende Menge der Fülle auftragen. Einrollen und in ein Stück Bauchspeck wickeln.

Diese Rouladen in einer Pfanne mit etwas Öl bei mäßiger Hitze rundherum kurz anbraten. Zur Seite stellen.

Die Kohlblätter auflegen, die Rouladen darin einrollen und wiederum mit einer Scheibe Speck umwickeln. In der Pfanne neuerlich bei milder Hitze braten.

HAUPTSPEISEN

Rosa gebratener Maibock, marinierter Spargel auf Löwenzahnsalat mit pochiertem Ei

Das Rehfleisch von allen Häutchen befreien und mit Salz und Pfeffer rundherum gut einreiben.

Den Senf vermischen und damit den Braten dick bestreichen. Im nicht zu heißen Nussöl von allen Seiten anbraten und im Backrohr bei 100 °C auf 55 °C Kerntemperatur fertig garen (das Bratenthermometer an der dicksten Stelle einstecken und beobachten).

Aus dem Rohr nehmen und in Alufolie gewickelt einige Minuten rasten lassen.

Den Spargel schälen und in Salzwasser mit etwas Zucker und Butter bissfest kochen. Kalt abschrecken. Kochwasser aufheben.

Einen Teil davon mit dem Apfelessig und dem Leinöl sowie den klein geschnittenen Kräutern mischen und den Spargel damit marinieren.

Den Löwenzahn gut waschen, abtropfen lassen und auf den Tellern anrichten.

Aus Salz, Pfeffer, Apfelessig und Leinöl mit dem Quirl eine cremige Marinade (Emulsion) rühren und über den Salat träufeln. Die Spargelstangen aus dem Sud nehmen und dazulegen.

In der Zwischenzeit die Eier pochieren. Dazu die Eier einzeln vorsichtig in einen Schöpflöffel schlagen und im restlichen heißen Spargelsud ganz kurz ziehen lassen. Sie sollen innen cremig weich sein.

Das lauwarme Rehfleisch in ca. 3 – 4 mm dicke Scheiben schneiden und neben dem Spargel anrichten.

Dazu reicht man Baguette oder Hausbrot.

600 g Rücken oder Schlögel vom Maibock

Salz, Pfeffer

Je 1 EL Estragon-, Dijon- und Englischer Senf

Nussöl

1 Dutzend Stangenspargel (gute Qualität)

Prise Zucker

1 kleines Stück Butter

Salz

1/8 l Apfelessig

3 EL Leinöl

1 Bund frische Kräuter (z. B. Kerbel, Schnittlauch)

300 g Löwenzahnblätter

Salz, Pfeffer

Leinöl

3 EL Apfelessig

4 Eier

Rehrückenfilet
mit gebratenem Radicchio

600 g Rehrücken,
sorgfältig geputzt

Salz, Pfeffer

Butterschmalz

3 Stk. Radicchio Trevisiano

2 Knoblauchzehen

1 TL gerebelter Thymian

4 EL Olivenöl

Den Rehrücken salzen und pfeffern. Butterschmalz in einer Pfanne heiß werden lassen. Rehrücken in ca. 5 Minuten von allen Seiten scharf anbraten. Dann im Backrohr bei 180 °C ca. 5 Minuten – eingepackt in Alufolie – rasten lassen. Warm stellen (im abgeschalteten Backrohr).

Den Radicchio vierteln. 2 EL Olivenöl mit dem fein gehackten und zerdrückten Knoblauch und dem Thymian vermischen. Die Radicchioteile damit beträufeln und in einer Pfanne mit dem restlichen Öl von allen Seiten anbraten.

Das Rehrückenfilet sehr schräg in ca. 1,5 cm dicke Scheiben schneiden. Mit dem Radicchio anrichten.

Rehschnitzel
in Kräuter-Kürbiskernpanier

Das Rehfleisch sorgfältig plattieren (am besten in ein Tiefkühlsäckchen oder unter eine Frischhaltefolie geben und leicht klopfen).

Die Eier mit Milch gut versprudeln und salzen. Die Brösel mit den fein gehackten Kürbiskernen gut vermischen.

Die Rehschnitzel in Mehl wenden, durch das Ei ziehen und dann in dem Kürbiskern-Brösel-Gemisch wenden. Die Panier leicht andrücken.

In heißem Fett schwimmend herausbacken, bis die Schnitzel rundherum eine schöne, goldgelbe Farbe haben. Herausnehmen und das noch anhaftende Öl möglichst gut mit Küchenpapier abtupfen.

Dazu passen gut Kartoffelpüree und Preiselbeeren.

4 Scheiben Rehfleisch
aus der Keule (je ca. 150 g)

2 Eier

1 EL Milch

Salz

180 g Semmelbrösel

je 1 TL frischen Thymian
und Oregano

Mehl

4 EL gehackte Kürbiskerne

Butterschmalz zum Backen

„Wildkrustel" vom Reh mit Maroni und Pilzen auf Pastinakenpüree

500 g magere Wildfleischabschnitte
(Parüren) vom Reh

1 große Zwiebel

1 EL Butter

100 g Pilze nach Wahl
(Eierschwammerl, Steinpilze,
Champignons)

10 Maroni gekocht
(oder Fertigware)

2 große Kartoffeln, gekocht

Salz, Pfeffer

frischer Majoran

Petersilie

Muskatnuss, Chiliöl

2 Eier, verschlagen

Brösel

Öl zum Herausbacken

Pastinakenpüree,
siehe BEILAGEN

Zwiebel fein hacken und in Butter hellbraun braten. Das Wildfleisch faschieren. Noch besser ist, das Fleisch mit einem scharfen Messer zuerst in Streifen, dann in feine Würfel zu schneiden und so lange mit dem Messer zu hacken, bis es eine sämige Konsistenz bekommt. Diese Arbeit ist zwar etwas mühsamer als das Faschieren, garantiert aber einen ungleich besseren Geschmack. Zu den Zwiebeln in die Pfanne geben und scharf anbraten.

Die klein geschnittenen Pilze und die zerkleinerten Maroni dazugeben und kurz mitbraten.

Die Pfanne vom Herd nehmen und die Masse etwas abkühlen lassen. Dann die klein geschnittenen Kartoffeln dazugeben. Mit den Gewürzen (statt Chiliöl kann man auch Cayennepfeffer oder etwas Englischen Senf dazugeben) pikant abschmecken und gut durchkneten, bis die Masse klebrig wird und leicht zu kleinen Bällchen (etwa so groß wie eine Marille) geformt werden kann.

Die Fleischkugeln werden im Ei und anschließend in den Bröseln gewälzt und in reichlich, nicht zu heißem Fett goldbraun gebacken. Auf Küchenpapier abtropfen lassen und anrichten.

HAUPTSPEISEN

Wilderersalat

Die Salate waschen, trocken schleudern und auf den Tellern gleichmäßig verteilen. Die Beeren nur kurz waschen und mit den Nüssen auf dem Salat verteilen.

Den Granatapfel vorsichtig zwischen den Handballen rollen und drücken, bis er ganz weich ist. Danach halbieren und den Saft auffangen. Behutsam die Kerne herauslösen (wenn man die Apfelhälfte umstülpt, nachdem der Saft ausgedrückt ist, lässt sich der Inhalt leicht herausnehmen) und von der weißen Haut trennen. Die Kerne auf dem Salat verteilen. Den Saft für die Marinade aufheben. Mit dem Granatapfelsaft, Salz, Pfeffer und dem Nussöl eine Marinade rühren und über den Salat träufeln.

Das Wildfleisch (oder kleine, von Sehnen und Häutchen befreite Abschnitte) in feine, ca. 1 cm breite Streifen schneiden. Mit Salz, Pfeffer und scharfem Senf gut würzen und in wenig Öl scharf anbraten. Die Pilze und die Maroni kurz mitbraten. Mit dem Obstbrand (oder Saft) ablöschen und alles auf dem Salat anrichten. Die Balsamicoreduktion großzügig darüberziehen und mit den Blüten garnieren.

Tipp: Pilze trocknen ist ganz einfach!

Schneiden Sie die Pilze in ca. ½ cm dicke Scheiben und ziehen Sie mit einer Stopfnadel einen Küchenzwirn oder Nähfaden an der dicksten Stelle der Scheiben durch. Dann machen Sie einen Knoten, damit die nächste nicht nachrutschen kann. So fahren sie fort, bis alle Scheiben aufgefädelt sind. Dann hängt man diese Kette an einen luftigen, trockenen Ort, bis die Pilze gut getrocknet sind. Aufbewahrt werden sie schließlich dunkel und trocken in einer gut verschließbaren Box oder einem Glas mit Schraubverschluss.

400 g Rehfleisch
(oder eine andere Wildart)

200 g Pilze nach Wahl

100 g Maroni, gekocht

1 EL Senf

Salz, Pfeffer

4 cl Obstbrand (alternativ Himbeer- oder Holundersaft)

1 kleiner Radicchio

1 knackiger Blattsalat

2 Stk. Chicorée

100 g Rucola- oder Vogerlsalat

200 g Waldbeeren (Brombeeren, Himbeeren, Erdbeeren, Preiselbeeren oder Heidelbeeren)

100 g Walnüsse, grob gehackt

1 Granatapfel

Salz, Pfeffer

Nussöl (oder Rapsöl)

Balsamicoreduktion

Blüten der Saison (z. B. Veilchen, Ringelrosen, Gänseblümchen)

Rehschnitzel gefüllt, an Cognacsauce und Maroni-Preiselbeer-Buchteln

4 Rehschnitzel à 150 g

100 g Blattspinat

1 Pkg. Büffelmozzarella

100 g Bauchspeck, dünn geschnitten

Rapsöl zum Braten

4 cl Weinbrand oder Cognac

¼ l Gemüsebrühe

1 EL Holundermarmelade

1 kl. Stk. Schokolade (75 %)

evtl. etwas Wildjus
oder Schlagobers

Buchteln:

250 g Mehl (glatt)

je 1 Prise Salz und Zucker

1 Pkg. Trockenhefe

2 EL Butter

2 Eidotter

300 ml Milch

8 Maroni, gekocht (Fertigware)

4 EL Preiselbeer-, Holunder-,
oder Heidelbeermarmelade

Butterschmalz zum Befetten

4 Backförmchen (evtl. kleine
saubere Tonblumentöpfchen)

Für die Maronibuchteln das Mehl salzen, ganz wenig zuckern und mit der Trockenhefe, der zerlassenen Butter, den Dottern und der lauwarmen Milch mit dem Knethaken oder mit der Hand zu einem geschmeidigen Hefeteig kneten. Mit einem Tuch zudecken und etwa eine halbe Stunde an einem warmen Ort aufgehen lassen, bis der Teig das fast doppelte Volumen erreicht hat.

Danach den Teig noch ein bis zwei Mal durchkneten und wieder aufgehen lassen, bis er eine schöne geschmeidige Konsistenz hat.

Auf eine saubere, bemehlte Unterlage stürzen und mit den Händen etwas breit drücken (nicht auswalken). Vom Teig kleine Stücke abreißen und je Buchtel etwas grob gehackte Maroni und Marmelade in die Mitte geben und gut zusammendrücken. Die Buchtel rundherum mit zerlassenem Butterschmalz bepinseln und in eine gut mit Butterschmalz befettete, kleine Auflaufform setzen. Noch einmal kurz gehen lassen (bis der Teig bis knapp an den Rand der Form aufgegangen ist).

Im vorgeheizten Backrohr bei 160 °C Unterhitze 6 – 8 Minuten backen (so kann der Teig noch ein bisschen aufgehen und die Buchteln werden am Boden schön kross). Dann die Oberhitze dazuschalten und die Buchteln ca. 15 Minuten bei 170 °C fertig backen. Zum Schluss noch einmal die Oberhitze wegschalten und die Buchteln weitere 5 Minuten im Rohr lassen.

Die Rehschnitzel mit einem Stück Frischhaltefolie belegen und mit einem Fleischklopfer vorsichtig dünn klopfen.

Den Spinat kurz in Salzwasser blanchieren, gut ausdrücken und auf die Schnitzel legen. Den Mozzarella dünn in Scheiben schneiden und auf den Spinat legen. Nun die Schnitzel zu einer Roulade formen und in den dünn geschnittenen Speck einwickeln. Im heißen Rapsöl rundherum gut anbraten, bis der Speck ausgebraten und knusprig ist. Das ausgetretene Fett weggeben.

Die Pfanne vom Herd nehmen und rasch mit dem Cognac ablöschen, mit etwas Brühe aufgießen, Marmelade und Schokolade dazugeben. Zugedeckt ca. 5 – 8 Min. leicht kochen lassen (reduzieren). Wenn der Saft zu dünn ist, mit etwas Wildjus oder Sahne binden.

Die Sauce auf vorgewärmte Teller geben (Spiegel setzen). Die Roulade schräg durchschneiden (der Mozzarella sollte zähflüssig sein) und auf den Saucenspiegel geben. Die Maronibuchtel aus der Form nehmen und auf den Teller geben oder mitsamt dem Tontöpfchen servieren.

Tipp:

Die kleinen Tonblumentöpfe gibt es im Gartenfachhandel. Wenn man sie vor Gebrauch einige Stunden in kaltem Wasser einlegt, geben sie Flüssigkeit an das Backgut ab und verhindern so ein Austrocknen.

HAUPTSPEISEN

Maibock & Maiwipferl

Der ganze Rehrücken wird von Sehnen und Häutchen befreit und vorsichtig gewaschen und abgetrocknet.

Mit Salz und Pfeffer einreiben und in nicht zu heißer Butter bei milder Hitze rundherum anbraten. Dabei immer wieder mit der Butter übergießen, so dass sich die Poren schließen und der ganze Rücken saftig bleibt. Aus der Pfanne nehmen, in Alufolie wickeln und auf ein Backblech geben. Im vorgewärmten Backofen bei 80 °C ca. 30 Minuten rasten lassen.

In der Zwischenzeit den Reis im heißen Öl kurz anlaufen lassen, mit dem Weißwein ablöschen und mit wenig heißer Gemüsebrühe aufgießen. Bei der Zubereitung des Risottos ist es wichtig, dass die Flüssigkeit unter ständigem Rühren beinahe immer wieder verkocht (vom Reis aufgesogen wird), bevor man neuerlich aufgießt. Dies macht man so lange, bis der Reis bissfest gekocht ist. Dann gibt man das Pesto und den geriebenen Parmesan dazu und lässt das Risotto noch kurz durchziehen. Mit Meersalz und Pfeffer abschmecken.

Den Wildjus erwärmen. Das Fleisch aus der Folie nehmen und mit einem scharfen Messer vorsichtig vom Knochen ablösen, anschließend in Scheiben schneiden (es sollte innen eine zartrosa Farbe haben).

Den Reis in der Mitte des vorgewärmten Tellers anrichten, die Scheiben vom Rehrücken schräg danebenlegen und die Sauce seitlich dazugießen.

Eine hübsche Dekoration ist z. B. eine Rispe vom Sauerampfer und ein frische Wiesenblume.

„Maiwipferl" sind die jungen, weichen, hellgrünen Triebe, die man im Mai von jungen Fichten-, Tannen- und Lärchenbäumen pflücken kann.

1 ganzer Rehrücken
(mit Knochen)

Salz, Pfeffer

2 EL Butter

¼ l Wildjus

200 g Risottoreis
(Carnaroli oder Arborio)

2 EL Rapsöl

1/8 l Weißwein

¾ l Gemüsebrühe

3 – 4 EL Maiwipferlpesto

3 – 4 EL Parmesan,
frisch gerieben

Salz, Pfeffer

Feine Rehbällchen

500 g Rehfleisch (Schulter oder Hals)

1 große Zwiebel

1 Zehe Knoblauch

Thymian, Lorbeerblatt, Rosmarin

Salz, Pfeffer

1/8 l Rotwein

2 Eier

50 g Brösel

50 g Mandeln, gehackt

Öl

Alles in grobe Würfel geschnitten:

1 Zwiebel

1 rohe Kartoffel, geschält

2 getrocknete Tomaten
(oder etwas Tomatenmark)

1 Karotte

1 Stück Sellerie

1/8 l Rotwein

½ l Gemüsebrühe

200 g Pilze nach Wahl

Salz, Pfeffer

1 EL Lavendelblüten zum Bestreuen

Das Fleisch von Sehnen und Häutchen befreien und in kleine Stücke schneiden. Mit der blättrig geschnittenen Zwiebel, der Knoblauchzehe und den grob zerstoßenen Gewürzen in eine Schüssel geben. Mit dem Wein übergießen und 3 – 4 Stunden bei Zimmertemperatur in dieser Marinade ruhen lassen.

In der Zwischenzeit die Zwiebel mit der Kartoffel in wenig Öl anlaufen lassen (darf nicht braun werden). Die Karotte, die Sellerie und die Tomatenstücke dazugeben, mit Wein ablöschen und mit der Gemüsebrühe aufgießen. Wenn das Gemüse weichgekocht ist, dieses ganz fein passieren.

Nun die blättrig geschnittenen Pilze dazugeben, mit Salz und Pfeffer abschmecken und die Sauce auf kleiner Flamme ziehen lassen.

Das Fleisch abseihen (den Saft dabei auffangen) und mitsamt den Gewürzen fein faschieren. Mit den Eiern, den Bröseln und den Mandeln gut abkneten und kleine Bällchen formen, die im heißen Öl knusprig gebacken werden.

Mit dem aufgefangenen Saft die Sauce aufgießen, die Bällchen einlegen, kurz durchziehen lassen und beispielsweise mit einer Scheibe Serviettenknödel anrichten. Mit den Lavendelblüten bestreuen.

Tipp:

Diese Gemüsegrundsauce kann in abgewandelter Form für alle Saucen und Suppen verwendet werden. Ändern Sie einfach die Zutaten (z. B. Spinat, Kräuter, Bärlauch, Karotten) und zaubern Sie daraus eine köstliche, kalorienarme Cremesuppe oder Sauce. Zum Verfeinern kann man ein paar Tropfen Milch (auch Kokosmilch) oder Schlagobers verwenden. Im Winter geben ein Stück Ingwer, Zimt oder Knoblauch viel Wärme.

HAUPTSPEISEN

Rehrücken gratiniert
auf cremigen Belugalinsen

Die Linsen in reichlich Salzwasser bissfest kochen, kalt abschrecken und gut abtropfen lassen.

Den Lauch in feine Streifen schneiden und in der Butter andünsten. Die ebenfalls in ganz feine Steifen geschnittenen Karotten oder Rüben dazugeben und mit dem Wein ablöschen.

Kurz kochen lassen, bis das Gemüse bissfest ist. Die Linsen dazugeben, mit Salz und Pfeffer kräftig würzen und zum Binden (Legieren) den Schlagobers dazugeben. Gut durchziehen lassen.

Den Rehrücken mit Salz und Pfeffer würzen und in der nicht zu heißen Butter rundherum kurz anbraten. Anschließend das Fleisch für einige Minuten (ca. 8 Minuten) im Backrohr bei 80 °C rasten lassen.

Für die Kräuterkruste die Kräuter mit den Nüssen oder Kürbiskernen im Zerkleinerer ganz fein mixen, die Brösel dazugeben. Die Butter separat schaumig rühren, mit der Kräuter-Nuss-Mischung verrühren.

Vor dem Gratinieren das Fleisch aus dem Ofen nehmen und diesen auf 250 °C Oberhitze vorheizen.

Das warme Fleisch mit dem Senf einstreichen, darüber die Kräutermasse auftragen und bei Oberhitze (noch besser: vorsichtig unter dem Grill) goldbraun gratinieren.

Den Rehrücken mit einem scharfen Messer in gefällige Scheiben schneiden. Das Linsenragout auf dem Teller anrichten und die Fleischstücke dekorativ drauflegen.

700 g Rehrücken (sorgfältig von Sehnen und Häutchen befreit)

1 EL Estragonsenf

1 EL Englischer Senf

Butter zum Braten

250 g Belugalinsen (oder Berglinsen)

1 EL Butter

1 Stk. Lauch (ca. 10 cm)

1 Karotte oder Gelbe Rübe

1/8 l Weißwein

1/8 l Schlagobers oder Crème fraîche

Salz, Pfeffer

Kräuterkruste:

5 EL frische Kräuter (z. B. Thymian, Rosmarin, Salbei, Petersilie), klein gehackt

50 g Walnüsse oder Kürbiskerne

50 g Brösel

100 g weiche Butter

Rollbraten vom Reh auf Rollgerste

1 ausgelöste Rehschulter
(ohne Knochen und grobe Sehnen)

1 altbackene Semmel

¼ l Milch

300 g Wurstbrät,
roh, vom Fleischer

2 EL frische Kräuter, gehackt

200 g frischer Blattspinat

200 g weißer Speck,
dünn geschnitten

1 Schweinsnetz

1 EL Butterschmalz

250 g Rollgerste

1 Zwiebel

1 Karotte oder Gelbe Rübe

1 Stk. Sellerie

2 EL Butter

2 EL Mehl

2 EL Essig

ca. 1/8 l Gemüsebrühe

Salz, Pfeffer

1 Bund Liebstöckel

Das Rehfleisch sauber von allen Häutchen und Sehnen befreien und zu einer Platte auflegen.

Die Semmel in kleine Würfel schneiden, in der Milch etwas einweichen und mit den Kräutern zum Wurstbrät geben, gut verkneten.

Den Spinat kurz in Salzwasser blanchieren, kalt abschrecken, fest ausdrücken und auf dem Fleisch ausbreiten. Die Speckscheiben darauf legen und das Ganze gleichmäßig mit dem Wurstbrät bestreichen.

Nun das Fleisch fest einrollen und vorsichtig in das gut gesäuberte Schweinsnetz einwickeln. In einer heißen Pfanne rundherum gut anbraten.

Im vorgeheizten Backrohr bei 190 °C 1 – 1,5 Stunden fertig braten. Mit dem auslaufenden Saft immer wieder übergießen.

Die Rollgerste über Nacht in kaltem Wasser einweichen. Am nächsten Tag abgießen, dann in frischem, leicht gesalzenem Wasser weich kochen.

Die klein geschnittene Zwiebel in der Butter anlaufen lassen und das kleinwürfelig geschnittene Gemüse kurz mitbraten. Mit dem Mehl stauben und mit dem Essig ablöschen. Mit etwas Gemüsebrühe aufgießen und einige Minuten verkochen lassen.

Die gekochte Rollgerste dazugeben, mit Salz und Pfeffer abschmecken und zum Schluss das fein gehackte Liebstöckel darüberstreuen.

Die Rollgerste auf vorbereiteten Tellern anrichten, darauf den in Scheiben geschnittenen Rollbraten legen.

Kotelett vom Reh mit grünem Spargel im Speckmantel, dazu Cremepolenta

Vom Rehrücken 8 gleichmäßige Koteletts schneiden lassen, salzen und pfeffern und rundherum mit mildem Senf bestreichen.

Butter in einer Pfanne zerlassen und die Koteletts darin beidseitig vorsichtig anbraten. Aus der Pfanne nehmen und kurz warmstellen.

Überschüssige Butter entfernen, Holundergelee in die Pfanne geben, kurz mitbraten, mit dem Holundersaft ablöschen und mit der Gemüsebrühe aufgießen. Diese Sauce gut durchrühren und sämig einkochen lassen. Die Koteletts einlegen, die Pfanne vom Herd nehmen und das Fleisch ein paar Minuten in der Sauce ziehen lassen.

Den grünen Spargel nur im unteren Drittel ein wenig schälen und die holzigen Enden abschneiden. Salz und Zucker in das Kochwasser geben und den Spargel auf kleiner Flamme ca. 8 Minuten köcheln lassen. Kalt abschrecken und überkühlen lassen.

Die Spargelstangen mit je 2 Scheiben Speck umwickeln und in einer Pfanne rundherum kurz anbraten.

800 g Rehrücken mit Knochen (wenn möglich, mit längeren Rippenknochen)

Salz, Pfeffer

1 TL milder Senf

Butter zum Braten

1 EL Holundergelee (von der Holunderblüte)

2 cl Holundersaft (von der Holunderblüte)

¼ l Gemüsebrühe

8 Stangen grüner Spargel

Prise Salz und Zucker

16 Scheiben Schinkenspeck (oder Prosciutto)

Cremepolenta, siehe BEILAGEN

Tipp:

Wenn man bei einem Gericht tierisches Fett (Speck) verwendet, sollte man zum Anbraten oder Verfeinern kein pflanzliches Fett nehmen.

Rehmedaillons mit glaciertem Spargel und Ahornsirupsauce

8 Rehmedaillons à 60 g

Salz, Pfeffer

Olivenöl

16 Spargelstangen, leicht vorgekocht

1/8 l Weißwein

4 cl Calvados

1 EL Rohrohrzucker

½ TL Stärkemehl

300 ml Wildfond

3 EL Ahornsirup

(etwas Schokolade)

Medaillons würzen. In einer Pfanne Öl heiß werden lassen, Medaillons darin von beiden Seiten scharf anbraten. In Alufolie einpacken und im Rohr bei 100 °C ca. 3 Minuten rasten lassen.

Weißwein, Calvados und den Rohrohrzucker aufkochen lassen, mit Stärkemehl (aufgelöst in wenig kaltem Wasser) binden und kurz etwas reduzieren lassen. Die Konsistenz sollte sirupartig sein. Den Spargel einlegen und einige Minuten leicht köcheln lassen (darauf achten, dass der Spargel nicht zu weich wird).

Den Wildfond reduzieren, Ahornsirup beifügen und nochmals reduzieren, je nach Belieben etwas Schokolade dazugeben. Abschmecken.

HAUPTSPEISEN

Lauwarmes Rehrückenfilet auf zweierlei Spargel mit Brombeeressig-Vinaigrette

Rehrückenfilet im Ganzen mit Salz und Pfeffer würzen. In einer Pfanne in heißem Öl von allen Seiten scharf anbraten. Hitze reduzieren. Butter und Zitronenthymian hinzugeben, zugedeckt zur Seite stellen. Etwas rasten lassen.

Für den Spargel Wasser, Salz, Butter und Zucker aufkochen. Geschälten Spargel einlegen und leicht köcheln lassen (ca. 15 Minuten).

Probe: Der Spargel ist gar, wenn – eine Stange quer über eine Gabel gelegt – sich die Enden auf beiden Seiten leicht nach unten biegen.

Für die Vinaigrette werden die Schalotten und Kräuter fein gehackt und mit den übrigen Zutaten zu einer Emulsion verrührt.

Das Fleisch schräg in Scheiben schneiden, mit dem Spargel dekorativ am Teller anrichten, die Vinaigrette darüberträufeln.

350 g Rehrückenfilet

1 EL Olivenöl

½ EL Butter

1 TL Zitronenthymian

Salz, Pfeffer

je 8 Stangen
weißer und grüner Spargel

je 1 Prise Salz und Zucker

½ EL Butter

2 Schalotten

frische Kräuter (Petersilie, Estragon)

Sonnenblumenöl

Brombeeressig

½ TL Senf

Salz, Pfeffer

„Wildes Herz"

2 bis 3 Herzen vom Hirschkalb
(oder von einer anderen Wildart)

100 g weißer Speck im Ganzen,
zum Spicken

¼ l Buttermilch

1 EL Holundergelee
oder -marmelade

4 cl Zirbensaft
oder Zirbenschnaps

ca. 3/4 l Gemüse- oder
Fleischbrühe

1 kleine Zwiebel

100 g geräucherter Bauchspeck,
im Ganzen

500 g Früchte, Beeren oder
Pilze der Saison (z. B. Birnen, Äpfel,
Pflaumen, Maroni, Nüsse)

ca. ½ l Wildjus

ca. ½ EL Stärkemehl

Salz, Pfeffer, Senf

Nuss- oder Rapsöl

Die Wildherzen in der Mitte durchschneiden, von allen Häutchen befreien und unter fließendem Wasser sauber waschen.

Den weißen Speck in Streifen schneiden und das Herz damit spicken (das geht leichter, wenn der geschnittene Speck im Tiefkühler leicht angefrostet wird). Die gespickten Herzen über Nacht oder für ein paar Stunden in Buttermilch einlegen und zugedeckt im Kühlschrank durchziehen lassen (die Buttermilch macht zart und nimmt den Wildgeruch).

Die Herzen danach gut abtrocknen, salzen, pfeffern und mit Senf bestreichen.

Rundherum in Nussöl vorsichtig anbraten, das Holundergelee dazugeben und mit dem Zirbensaft oder -schnaps ablöschen. Mit Gemüse- oder Fleischbrühe aufgießen und ca. 45 Minuten auf kleiner Flamme zugedeckt köcheln lassen.

In der Zwischenzeit den fein gewürfelten Speck und die gehackte Zwiebel bei geringer Hitze anschwitzen. Die jeweiligen Früchte der Saison säubern und in passende Stücke schneiden (Birnen, Äpfel grobblättrig, Pilze blättrig schneiden, Pflaumen halbieren, Nüsse grob hacken, Maroni evtl. ganz lassen) und dazugeben. Mit Wildjus und eventuell etwas Stärke binden.

Das Herz quer zur Spickrichtung in Scheiben schneiden und mit der Früchtemischung anrichten.

Dazu passen hervorragend Schupfnudeln mit Nüssen, siehe BEILAGEN.

Pappardelle mit Wildsugo vom Hirsch

400 g Wildfleisch (Schlögel, Schulter vom Hirsch – kann auch vom Reh oder Wildschwein sein)

500 ml kräftiger Rotwein (besonders gut eignen sich friulanische Rotweine)

1 Selleriestange

1 mittelgroße Karotte

1 kleine Zwiebel

2 – 3 Wacholderbeeren

1 EL Mehl

2 EL Olivenöl

Salz, Pfeffer

500 g Pappardelle

frische Kräuter, gehackt (Petersilie, Thymian)

Das Fleisch in kleine Stücke schneiden und mit dem Messer hacken. Mit Mehl leicht stauben. Olivenöl erhitzen, das Fleisch darin gut anbraten, dann mit einem Teil des Rotweins ablöschen. Gemüse und Zwiebel klein hacken, in einer weiteren, etwas tieferen Pfanne anbraten. Das Fleisch, die leicht zerdrückten Wacholderbeeren dazugeben und ca. 3 Stunden auf kleiner Flamme zugedeckt schmoren. Regelmäßig mit Rotwein begießen, damit immer etwas Flüssigkeit vorhanden ist. Durch das lange Köcheln wird das Fleisch sehr mürbe und die Konsistenz des Sugos sämig.

Die Nudeln in Salzwasser bissfest kochen, abgießen und in die Pfanne zum Sugo geben. Gut vermengen, kurz in der Pfanne Geschmack nehmen lassen. Mit frischen Kräutern garnieren. Servieren.

Wildburger

Den Bauchspeck in einer Pfanne mit ganz wenig Öl knusprig braten. Auf Küchenpapier legen, damit das überschüssige Fett aufgesogen wird.

Das Wildfleisch mit den mit Milch übergossenen und dann gut ausgedrückten Semmeln sowie den Schalotten, den Kräutern und den Eiern gut vermengen. Mit Senf, Salz und Pfeffer würzig abschmecken (wenn die Masse zu feucht ist, etwas Semmelbrösel hinzugeben).

Burger formen und ganz leicht auf beiden Seiten in Semmelbrösel drücken.

In einer Pfanne in wenig Öl bei mittlerer Hitze braten (es soll eine leichte Kruste entstehen), jedoch muss der Burger saftig bleiben.

Semmeln halbieren, in einer trockenen Pfanne leicht toasten und die Schnittfläche mit einer geschälten Knoblauchzehe einreiben.

Gewaschene, gut getrocknete Salatblätter auflegen, darauf den knusprigen Speck und je nach Wunsch mit Ketchup, Senf und/oder Mayonnaise würzen. Burger auflegen und jeweils die zweite Hälfte der Semmeln daraufgeben.

Dazu kann man etwa frische, knackige Frühlingszwiebeln reichen.

700 g Faschiertes vom Hirsch (aus der Schulter)

8 Scheiben dünn geschnittener Bauchspeck

2 Semmeln (Weißbrot), entrindet

¼ l Milch

1 EL Schalotten, fein gehackt

1 EL Petersilie, gehackt

1 TL Zitronenthymian

½ TL Majoran

2 Eier

etwas Senf

Salz, Pfeffer

Semmelbrösel nach Bedarf

Öl zum Braten

4 Semmeln

1 Knoblauchzehe, geschält

4 grüne Salatblätter

Ketchup, Senf, Mayonnaise nach Belieben

„Cillys wildes Geheimnis"

500 g Schlögel vom Hirsch
(oder von einer anderen Wildart)

Salz, Pfeffer

100 g Kichererbsen

100 g grüne oder braune Linsen

600 – 700 g frische Früchte
der Saison (z. B. Äpfel, Birnen,
Zwetschken, Maroni, Kürbis,
Pilze, Beeren)

1 EL Butter

¼ l Wildjus

4 cl Obstbrand
(oder Apfelsaft)

2 EL Holundermarmelade

20 g Schokolade

1 Pkg. Blätter- oder
Strudelteig, tiefgekühlt

1 Eidotter, versprudelt

Nussöl

Kichererbsen und Linsen – getrennt – über Nacht in kaltem Wasser einweichen, abgießen und dann jeweils in frischem Salzwasser bissfest kochen und auskühlen lassen.

Die Früchte sauber waschen, Pilze putzen, Kürbis schälen, in nicht zu kleine Stücke (3 – 4 cm) schneiden. Pilze, Kürbis kurz in etwas Butter anbraten und herausheben. Schließlich alles mit den Hülsenfrüchten gleichmäßig auf vier feuerfeste Töpfchen oder Schüsseln verteilen.

Das Wildfleisch sorgfältig von Sehnen und Häutchen befreien, ebenfalls in 3 – 4 cm große Stücke teilen. Mit Salz und Pfeffer kräftig würzen und in Nussöl scharf anbraten und sofort über die Früchte verteilen.

Den Bratrückstand mit Wildjus und Obstbrand (Apfelsaft) ablöschen, die Holundermarmelade und die Schokolade (es kann auch eine gute Kochschokolade sein) dazugeben und die Sauce etwas reduzieren. Diese über das Fleisch und die Früchte träufeln.

Nun den aufgetauten Blätter- oder Strudelteig über je ein Töpfchen legen und am Rand gut festdrücken. Das Ganze mit dem Eidotter bestreichen und im vorgeheizten Backofen bei 180 °C für 20 Minuten backen.

Auf einen passenden Teller eine Serviette legen, das Töpfchen daraufstellen und sofort servieren. Wird dann bei Tisch der Teigmantel durchbrochen, entfaltet dieses Gericht einen wunderbaren Duft.

Dazu passt herzhaftes Hausbrot oder Baguette.

Hirschrückenfilet
im Quinoamantel auf Zirbenglace

Das Hirschrückenfilet von allen Häutchen und Sehnen befreien. Die Zuschnittteile (Parüren) zur Seite legen. Die klein geschnittenen Frühlingszwiebeln und eine halbe Zwiebel in der Butter anschwitzen, Quinoa dazugeben und mit der Gemüsebrühe aufgießen. Mit dem Kräutersalz kräftig würzen. Auf kleiner Flamme zugedeckt weich kochen (ca. 15–20 Minuten) und überkühlen lassen. Das Ei mit dem Schlagobers verrühren und unter das Getreide mischen, so dass eine streichfähige Masse entsteht.

Den Hirschrücken mit Salz und Pfeffer würzen, mit Senf bestreichen und im Öl rundherum anbraten. Aus der Pfanne nehmen und überkühlen lassen.

Für die Zirbenglace im Bratrückstand die Parüren mit der restlichen Zwiebel kräftig anbraten und mit dem Zirbensaft ablöschen. Mit Gemüsebrühe aufgießen und ein paar Minuten verkochen lassen. Die Sauce durch ein feines Sieb gießen, danach reduzieren.

Das gut gesäuberte Schweinsnetz auf einem feuchten Tuch ausbreiten, den Hirschrücken auf einer Seite mit der Getreidemischung bestreichen und auf das Netz legen. Nun die andere Seite mit Getreide bestreichen. Fest einrollen und das Filet auf ein Backblech setzen. Im vorgeheizten Backrohr bei 160 °C auf 55 °C Kerntemperatur (Fleischthermometer) braten. Dies dauert ca. 30–40 Minuten.

Aus dem Ofen nehmen und ein paar Minuten zugedeckt ruhen lassen.Das Fleisch in gleichmäßige Scheiben schneiden. Auf dem vorgewärmten Teller mit der Zirbenglace einen Spiegel setzen. Die Fleischstücke dekorativ platzieren.

Als Beilage passt beispielsweise in Olivenöl gebratener Radicchio oder Chicorée.

500 g Hirschrückenfilet

Salz, Pfeffer, Senf

1 Schweinsnetz

Rapsöl zum Braten

1 Bund Frühlingszwiebel
oder Sauerampfer

1 Zwiebel, gehackt

1 EL Butter

125 g Quinoa

½ l klare Gemüsebrühe

Kräutersalz

1/16 l Schlagobers

1 Ei

1/8 l Zirbensaft,
siehe Allerlei

1/4 l Gemüsebrühe

Wild-Maultaschen

500 g Hirschfleisch, gebraten

500 g Selchfleisch, gekocht

1 Wildwürstl, geräuchert

500 g Blattspinat

1 EL Öl

1 Zwiebel

2 Stk. Knoblauchzehen

Salz, Pfeffer, Chili

2 Eier

Brösel

500 g Hartweizengrieß

5 Eier

Salz

etwas Wasser, lauwarm

2 EL Butter

Dieses Gericht harmoniert auch sehr gut mit einem Schwammerl- oder Gemüseragout.

Das etwa von einem Braten übrig gebliebene Hirschfleisch mit dem Geselchten und dem Wildwürstl fein faschieren. Den Spinat sauber waschen und kurz in kochendem Salzwasser blanchieren. Herausnehmen und mit kaltem Wasser abschrecken. Gut ausdrücken, klein hacken und zum Fleisch geben. Zwiebel und Knoblauch in Öl anschwitzen und ebenfalls zum Fleisch geben. Mit Salz, Pfeffer und Chili sehr pikant abschmecken, mit Eiern und Bröseln gut durchkneten und kleine Bällchen formen (etwa in der Größe von Kastanien).

Für den Nudelteig den Grieß mit den Eiern, etwas Salz und lauwarmem Wasser rasch zu einem geschmeidigen Teig verkneten. In Frischhaltefolie wickeln und mindestens für 12 – 16 Stunden (über Nacht) im Kühlschrank rasten lassen. Den Teig schließlich noch einmal durchkneten, dünn ausrollen und mit einem Glas oder Ausstecher rund ausstechen (Durchmesser ca. 8 cm). Die Fleischbällchen auf einer Hälfte daraufsetzen, die restliche Teighälfte darüberschlagen und die Ränder mit einer Gabel fest andrücken.

Die Maultaschen in reichlich Salzwasser nur leicht wallend kochen, bis sie aufsteigen. Danach herausheben, kurz abtropfen lassen und mit gebräunter Butter servieren. Dazu passt Kraut- oder Blattsalat.

Tipp:

Wenn man mehr von diesen Maultaschen macht, lassen sie sich im vorgekochten Zustand gut einfrieren. Zum Verwenden gibt man die gefrorenen Nudeln dann einfach in eine Pfanne mit etwas kochendem Wasser und Butter. Ca. 20 Minuten bei kleiner Hitze köcheln lassen, bis das Wasser verkocht ist, dann nochmals 1 EL Butter dazugeben, kurz bräunen und sofort servieren.

HAUPTSPEISEN

Hirschkalbsleber
mit Semmel-Apfelschmarren

Die Leber unter fließendem Wasser kurz waschen, gut abtrocknen und in kleine, dünne Scheiben schneiden (schnetzeln). Ca. 1 Stunde in Buttermilch einlegen, dann in einem Sieb gut abtropfen lassen.

In der Zwischenzeit die fein geschnittenen Zwiebeln im Nussöl goldbraun braten. Die Leber dazugeben und bei scharfer Hitze kurz und scharf anbraten, mit dem Mehl stauben und mit Salz und Pfeffer würzen. Wenn das Mehl etwas mit gebräunt ist, mit dem Apfelsaft ablöschen und bei Bedarf mit etwas Gemüsebrühe aufgießen. Jetzt den Wildjus dazugeben, mit dem Obstbrand abschmecken und sofort anrichten (das muss ziemlich rasch gehen, da die Leber sonst hart wird).

Für den Schmarren die Semmeln und die Äpfel in Scheiben schneiden. Die Eidotter mit der Milch versprudeln, eine Prise Salz und Muskat dazugeben und über die Semmeln gießen. Kurz ziehen lassen.

Eiklar zu festem Schnee schlagen, unter die Semmelmasse heben.

Die Butter in der Pfanne nicht zu heiß werden lassen, die Masse hineingeben und bei niedriger Hitze zugedeckt auf beiden Seiten goldbraun backen. Den Deckel wegnehmen, mit zwei Gabeln den Teig zerreißen und die Stücke kurz unter Rühren fertigbacken.

Auf vorgewärmten Tellern mit der Leber anrichten.

800 g Leber vom Hirschkalb

½ l Buttermilch

3 EL Nussöl

2 große Zwiebeln

2 EL Mehl

Salz, Pfeffer

¼ l Apfelsaft naturtrüb

¼ l Gemüsebrühe

3 EL Wildjus

4 cl Obstbrand

5 Semmeln

2 große Äpfel

2 Eier

¼ l Milch

je eine Prise Salz und Muskat

50 g Butter

Wildfondue

350 g Hirschrücken- oder
Damwildrückenfilet

350 g Rehrückenfilet

350 g Hasenrückenfilet

je nach Wunsch:
2 l klare Wildbrühe oder
1,5 l hitzebeständiges Öl

Saucen:

300 g Preiselbeeren
(oder gute Preiselbeermarmelade)

125 ml Wasser

125 ml Rotwein

1 TL Gelierzucker

6 cl guter Rum

3 Avocados

1 Zitrone

2 Tomaten

1 Schalotte

1 Paprika gelb

Salz, Pfeffer

Tabascosauce

1 Bund Koriander

Fleisch in Würfel mit 3 cm Kantenlänge schneiden. In der Brühe garen oder im Öl braten (je nach Geschmack rare oder medium, auf keinen Fall durchgaren, das Fleisch würde trocken werden).

Preiselbeersauce:

Wenn es frische Preiselbeeren gibt, diese mit der Wasser-Rotwein-Mischung und dem Gelierzucker weich kochen, mit dem Stabmixer pürieren (jedoch nicht zu fein, es sollten noch Preiselbeer-Stückchen vorhanden sein). Mit dem Rum abschmecken und kalt stellen.

Guacamole:

Fleisch der geschälten Avocados mit dem Saft einer Zitrone pürieren. Tomatenconcassée (enthäutete, von den Kernen befreite Tomaten, kleinwürfelig geschnitten), kleinwürfelig geschnittene gelbe Paprika und Schalotte mit den pürierten Avocados vermengen. Mit Salz, Pfeffer und Tabascosauce würzen, zum Schluss etwas vom fein gehackten Koriandergrün hinzufügen.

HAUPTSPEISEN

 # Hirschrückenfilet auf Paprikastreifen

Die Paprika halbieren, Kerne und Stiel entfernen, im Rohr bei 180 °C auf einem Blech ca. 30 Minuten, aber jedenfalls so lange rösten, bis die Haut gut gebräunt ist. Aus dem Rohr nehmen, zugedeckt kurz abkühlen lassen und die Haut abziehen.

In einer größeren Pfanne 1 EL Olivenöl nicht zu stark erhitzen, die in Streifen geschnittenen Paprika hineingeben, salzen, pfeffern, mit etwas Thymian würzen. Hitze reduzieren, einige Minuten schmoren. Mit Zucker und Balsamicoessig abschmecken, etwas einkochen lassen, bis die Masse leicht karamellisiert ist. Warm stellen.

Das Fleisch mit Salz und Pfeffer würzen. Eine Grillpfanne erhitzen, 1 EL Olivenöl hineingeben. Das Rückenfilet rundherum ca. 8 Minuten braten. Herausnehmen und etwa 4 Minuten im Rohr bei ca. 80 Grad ruhen lassen (fest in Alufolie gewickelt).

Paprikastreifen auf vorgewärmte Teller geben. Das Rückenfilet schräg in dickere Scheiben schneiden und darauf anrichten. Mit frischen Thymianzweigen garnieren.

1 Hirschrückenfilet (ca. 600 g)

je 3 rote und gelbe Paprika

2 EL Olivenöl

Zitronenthymian oder Thymian, gerebelt

½ TL brauner Zucker

3 EL Balsamicoessig

Salz, Pfeffer

frische Thymianzweige

Hirschsteak
auf getrüffeltem Kartoffelpüree

4 Steaks aus dem Hirschschlögel
oder Hirschrücken
(je ca. 160 g, ca. 3 cm dick)

3 EL Olivenöl

Salz, Pfeffer

Getrüffeltes Kartoffelpüree,
siehe BEILAGEN

Steaks mit Salz und Pfeffer würzen. In einer Grillpfanne das Öl sehr heiß werden lassen, Hirschsteaks auf jeder Seite 3 – 4 Min. braten. Für einige
Minuten warm stellen.

Im tiefen Teller einen Püreesockel anrichten, daran
das Fleisch legen.

Mit ein paar Kräuterästchen garnieren.

Symphonie von Hirsch und Reh
an zweierlei Saucen, dazu Polentasoufflé

Wildjus auf zwei Gefäße je zur Hälfte aufteilen, bei geringer Hitze reduzieren.

In den einen Topf die leicht zerdrückten Wacholderbeeren geben, weiter konzentrieren bis eine leicht sämige Konsistenz erreicht ist. Wacholderbeeren entfernen. Im zweiten Topf die Schokolade zum Jus geben, unter ständigem Rühren schmelzen lassen, ebenfalls reduzieren. Beide Saucen warm halten.

Das Reh- und das Hirschrückenfilet salzen, pfeffern. Eine Pfanne heiß werden lassen, Olivenöl hineingeben. Zuerst das Hirschrückenfilet von allen Seiten scharf anbraten. Nach ca. 4 Minuten das Rehrückenfilet ebenfalls in die Pfanne geben und ebenfalls von allen Seiten scharf anbraten. Beide Filetstücke weitere 4 Minuten unter mehrmaligem Wenden braten.

Aus der Pfanne nehmen, getrennt in Alufolie packen und im Rohr bei 80 °C weitere 5 Minuten ruhen lassen.

Auf dem vorgewärmten Teller in der Mitte das Polentasoufflé platzieren.

Daneben von beiden Saucen jeweils einen Spiegel setzen (Sauce mit einem Esslöffel auf den Teller geben und rund verstreichen).

Reh- und Hirschrückenfilet sehr schräg in ca. 1 cm dünne Scheiben schneiden. Rehrückenscheiben auf den Wacholder-Saucenspiegel, Hirschrückenfilet auf den Schokolade-Saucenspiegel setzen.

Mit frischen Kräutern garnieren.

300 g Hirschrückenfilet

300 g Rehrückenfilet

2 EL Olivenöl

½ l Wildjus

½ EL Wacholderbeeren

50 g Schokolade
mit hohem Kakaoanteil (ab 75 %)

Salz, Pfeffer

frische Kräuter der Saison

Polentasoufflé,
siehe Beilagen

Hirschroulade mit Pilzen und Kartoffelpüree

4 Schnitzel (am besten aus
der Hirschkeule), je ca. 160 g

4 Scheiben Bauchspeck
(am besten luftgetrocknet)

1 EL Erdnussöl

Salz, Pfeffer

Fülle:

je 4 EL Karotten und Sellerie,
in sehr feine Streifen geschnitten

1 EL weiche, getrocknete Marillen,
fein gehackt

1 EL rote Zwiebel, fein gehackt

Zum Mitbraten:

je 2 EL Karotten, Sellerie und
Zwiebel, fein würfelig geschnitten

1 EL Tomatenmark

¼ l Rotwein

½ l Wildfond

2 Zweige Zitronenthymian

6 Wacholderbeeren

Salz, Pfeffer

100 g Pilze nach Wahl

1 – 2 EL Butter

Salz

frische Kräuter

Die Schnitzel (am besten unter einer Frischhaltefolie)
dünn klopfen. Mit dem Speck belegen, Wurzelgemüse, Marillen und Zwiebel darauf verteilen. Zu
einer Roulade rollen und mit Rouladenspießchen fixieren. Mit Salz und Pfeffer würzen.

In der Pfanne im heißen Öl von allen Seiten gut anbraten. Herausnehmen, zur Seite geben. In der glei-
chen Pfanne Zwiebel, Karotten und Sellerie
anschwitzen, Tomatenmark hinzugeben – nur kurz
mitrösten, mit Rotwein ablöschen.

Die Rouladen nunmehr wieder in die Pfanne legen,
Wildfond beifügen, ebenso den Zitronenthymian und
die Wacholderbeeren.

Das Ganze nun zugedeckt ca. 35 – 40 Minuten
schmoren. Rouladen entfernen, Sauce durch das
Passiersieb streichen, eventuell noch etwas reduzieren. Rouladen wieder hinzugeben.

Nun das Kartoffelpüree zubereiten.

Weiters die Pilze gut säubern (am besten mit einem
Pilzpinsel). Die größeren Pilze teilen. Etwas Butter
heiß werden lassen, die Pilze hinzugeben und kurz
bei mittlerer Hitze anbraten. Ganz zart salzen.

Auf dem vorgewärmten Teller mit der Sauce einen
Spiegel setzen, die Roulade daraufgeben. An der
Seite das Kartoffelpüree anrichten. Mit den Pilzen
und den frischen Kräutern garnieren.

Rückenfiletstück vom Hirsch gegrillt, an Waldpilzrisotto

Den Reis kurz waschen. Die fein gehackte Schalotte in Olivenöl anschwitzen, den Reis dazugeben, rühren, bis der Reis das Fett aufgenommen hat, dann mit etwas Weißwein und, sobald dieser verdampft ist, etwas heißer Gemüsebrühe aufgießen. Auf kleiner Flamme köcheln lassen. Häufig umrühren und immer wieder Brühe dazugeben, wenn die Flüssigkeit fast verkocht ist. Zum Schluss mit Salz und Pfeffer abschmecken.

In einer Pfanne etwas Butter mit Olivenöl heiß werden lassen, die Pilze (die größeren geteilt) scharf anbraten (sie sollen ganz zart Farbe nehmen) und einen Teil davon zum Risotto geben.

Wenn das Risotto gar ist (Bissprobe!), den geriebenen Käse und die gehackte Petersilie dazugeben und gut durchrühren. Es soll nunmehr eine cremige Konsistenz haben.

Rückenfilet in ca. 3 – 4 cm dicke Stücke schneiden. Salzen und pfeffern. In einer Grillpfanne in etwas Butter und Olivenöl von allen Seiten scharf anbraten, herausnehmen, in Alufolie wickeln und ca. 3 Minuten im Rohr bei 80 °C ruhen lassen.

Das Risotto in einem tiefen Teller anrichten, das Fleisch darauf- oder an die Seite legen.

Mit ein wenig gutem Olivenöl aromatisieren.

600 g Hirschrückenfilet im Ganzen

300 g Risottoreis
(Carnaroli oder Arborio)

1 Schalotte

150 ml trockener Weißwein
(z. B. Friulano)

ca. ½ l Gemüsebrühe

150 g Pilze (z. B. Eierschwammerl,
Steinpilze, Morcheln)

80 g Käse (z. B. Montasio),
fein gerieben

1 EL Petersilie, gehackt

Butter, Olivenöl

Salz, Pfeffer

Hirschmedaillons an gelber und weißer Polenta, braune Nussbutter

4 Hirschsteaks à ca. 160 g, ca. 3 cm dick

80 g Polentagrieß gelb

80 g Polentagrieß weiß

640 ml (2 x 320 ml) Wasser

640 ml (2 x 320 ml) Milch

2 x ½ TL Salz

1 Birne oder 1 Apfel

1 Stück frische Krenwurzel

2 EL Olivenöl

Salz, Pfeffer

2 EL Haselnüsse

3 EL Butter

Einige Stunden vor der Zubereitung Birne oder Apfel in den Tiefkühler geben (lässt sich dann leichter reiben).

In zwei Töpfen je 320 ml Milch und 320 ml Wasser mit Salz zum Kochen bringen. Hitze reduzieren. Zum einen den gelben Polentagrieß, zum anderen den weißen Polentagrieß fließend einrühren und unter ständigem Rühren weich kochen. Achtung, der weiße Grieß ist schneller fertig! Beide sollten eine eher dünnbreiige Konsistenz haben.

Die Hirschsteaks salzen, pfeffern. Pfanne heiß werden lassen, Olivenöl hineingeben, sehr heiß werden lassen. Hirschsteaks in die Pfanne geben, auf jeder Seite ca. 3 – 4 Minuten scharf anbraten. Aus der Pfanne nehmen, in Alufolie packen, im Rohr bei ca. 80 Grad 5 Min. ruhen lassen.

Für die braune Nussbutter Haselnüsse grob hacken, Butter in einem Topf schmelzen und so lange auf der Hitze belassen, bis leicht bräunliche Partikel zu sehen sind. Nüsse hinzufügen. Vom Herd nehmen.

Zuerst die gelbe Polenta auf den vorgewärmten Teller geben (wie kleiner Pfannkuchen, ca. 1 cm dick), darauf – mit nicht so großem Durchmesser – die weiße Polenta.

Das Hirschmedaillons auf der Polenta gefällig anrichten. Mit einer groben Reibe zuerst etwas vom Kren, dann etwas von der Birne (oder dem Apfel) darüberreiben.

Die braune Nussbutter ringsum träufeln.

Hirschrücken auf Tagliatelle mit Waldpilzduett

600 g Rücken vom Hirsch
(oder Reh), ausgelöst

250 g frische Waldpilze
(Steinpilze, Eierschwammerl)

2 EL Öl

1 EL Butter

eine Handvoll getrocknete Tomaten

1/8 l Schlagobers

2 EL Petersilie, fein gehackt

Salz, Pfeffer

500 g Tagliatelle

1 Knoblauchzehe

1 EL Butter

frische Zitronentyhmianzweige

Das Rückenstück gut mit Salz und Pfeffer würzen, in heißem Öl von allen Seiten scharf anbraten und dann im Backrohr – in Alufolie gewickelt – bei 100 °C ca. 8 Minuten ruhen lassen.

Getrocknete Tomaten in kaltem Wasser einweichen (Dauer: abhängig davon, wie trocken sie sind). Anschließend abtropfen lassen und klein schneiden.

Steinpilze gut säubern, in dünne Scheiben schneiden, in ganz wenig Öl von beiden Seiten anbraten, sie sollen leicht gebräunt sein. Aus der Pfanne heben, zur Seite geben.

Die Eierschwammerl (größere zerteilen) ebenfalls in wenig Öl bei stärkerer Hitze anbraten (die austretende Flüssigkeit soll möglichst rasch verdampfen), ebenfalls herausnehmen und zur Seite geben.

Etwas Butter in die Pfanne geben, heiß werden lassen, die Pilze und die Tomatenstücke zufügen, mit Schlagobers aufgießen und bei kleiner Hitze reduzieren, bis die Pilze cremig umhüllt sind. Salzen, pfeffern, gehackte Petersilie hinzugeben.

Die bissfest gekochten Nudeln gut abtropfen lassen. Im Topf etwas Butter zerlaufen lassen, eine geschälte Knoblauchzehe in der Butter schwenken, bis sie gebräunt ist, Knoblauch wieder entfernen. Nudeln hinzugeben, gut durchmischen.

Im vorgewärmten, tiefen Teller die Nudeln anrichten, die Pilz-Tomaten-Mischung gefällig darauf verteilen und seitlich das in ca. 1 cm dünne, sehr schräg geschnittene Rückenfilet anlegen. Mit Zweigen von Zitronenthymian garnieren.

Hirschhuftsteak
mit Roggenbrot-Roquefort-Kruste

Das Roggenbrot im Zerkleinerer fein schneiden. Roquefort mit der zimmerwarmen Butter schaumig rühren, das Roggenbrot dazugeben und gut vermengen.

Die Hirschsteaks in heißem Butterschmalz auf jeder Seite ca. 3 Minuten kräftig anbraten. Erst dann salzen und pfeffern, herausheben und zugedeckt warm stellen.

In diese Pfanne den Wildfond mit dem Rotwein geben, reduzieren, mit etwas kalter Butter montieren. Die halbierten und entkernten Weintrauben beigeben. Abschmecken und warm halten.

Die Brot-Käse-Masse nun auf die Hirschsteaks streichen und bei starker Oberhitze oder Grillstellung gratinieren.

Steaks anrichten, mit der Sauce umgießen.

Als Beilage passen beispielsweise Spätzle.

4 Hirschsteaks aus dem Schlögel (je ca. 120 g)

Butterschmalz

Salz, Pfeffer

100 g Roggenbrot, vom Vortag

30 g Butter

50 g Roquefort

350 ml Wildfond

120 ml Rotwein

100 g Weintrauben

½ EL kalte Butter

Salz, Pfeffer

Medaillons vom Hirschrücken mit Rote-Rüben-Krenschaum

600 g Hirschrückenfilet

Salz, Pfeffer

evtl. frische Rosmarinzweige

2 Rote Rüben, gekocht

1 EL Butter

1 Schalotte

Salz, Pfeffer

Prise Zucker

125 ml Weißwein

200 ml Schlagobers

1 EL Kren, fein gerieben

Aus dem Filet gleichmäßige Medaillons schneiden, mit Salz und Pfeffer würzen und in einer Grillpfanne (ein paar Zweige Rosmarin dazulegen) von beiden Seiten ca. 4 Minuten anbraten. Aus der Pfanne nehmen, in Alufolie einschlagen und im Backrohr bei 80 °C noch 3 Minuten rasten lassen.

Die Roten Rüben kleinwürfelig schneiden. Die sehr fein geschnittene Schalotte in heißer Butter glasig werden lassen (die Butter sollte nicht braun werden). Rote Rüben hinzufügen. Mit Salz, Pfeffer und etwas Zucker würzen. Dann mit dem Weißwein ablöschen und reduzieren. Mit dem Schlagobers aufgießen, sanft aufkochen lassen, den Kren dazugeben und alles im Mixer fein pürieren. Eventuell nachwürzen.

Vor dem Anrichten mit dem Stabmixer gut aufschäumen.

Vom Schaum einen Spiegel auf einen vorgewärmten Teller setzen, darauf die Medaillons geben.

Dazu passen sehr gut Schupfnudeln, siehe BEILAGEN.

Hirschkalbsragout mit Serviettenknödel

Das Fleisch von allen Sehnen und Häutchen befreien und in ca. 3 cm große Würfel schneiden.

Zwiebel und Speck ebenfalls würfelig schneiden (ca. 1 cm groß) und im heißen Fett anbraten. Das Wurzelgemüse sauber putzen, in 2 cm große Würfel schneiden und zum Zwiebel geben.

Das Fleisch salzen, pfeffern, ebenfalls dazugeben und kurz mitbraten.

Die Holundermarmelade und die klein geschnittenen, getrockneten Tomaten beifügen, kurz Farbe nehmen lassen und mit dem Apfelsaft ablöschen.

Mit der Gemüsebrühe aufgießen, das Lorbeerblatt und die zerdrückten Wacholderbeeren dazugeben und alles auf kleiner Flamme ca. 20 Minuten köcheln lassen.

Wenn das Ragout noch zu flüssig ist, kann man es mit in kaltem Wasser aufgelösten Stärkemehl (1 – 2 EL) binden. Evtl. mit Schlagobers verfeinern.

Dazu reicht man Serviettenknödel (siehe BEILAGEN) und Preiselbeeren.

600 g Schulter vom Hirschkalb

150 g Zwiebel

100 g Bauchspeck

300 g Wurzelgemüse
(Karotten, Sellerie, Gelbe Rüben)

Salz, Pfeffer

2 EL Holundermarmelade

5 in Öl eingelegte,
getrocknete Tomaten

4 cl Apfelsaft

3 Lorbeerblätter

3 Wacholderbeeren

3 EL Rapsöl

3/4 l Gemüsebrühe

evtl. etwas Schlagobers
und Stärkemehl

Hirschbraten klassisch in Wurzelsauce

1 kg Hirschschlögel

Salz, Pfeffer, Senf

1/16 l Rapsöl

500 g Wurzelgemüse
(Karotten, Sellerie, Gelbe Rüben,
Petersilienwurzel)

250 g Zwiebel

1 EL Tomatenmark

¼ l Rotwein

½ l Gemüsebrühe oder Wasser

2 Lorbeerblätter

5 Wacholderbeeren

2 EL Preiselbeeren

1 Apfel

2 EL Preiselbeeren

1 EL Butter

Das Fleisch sauber von Sehnen und Häutchen befreien, mit Salz, Pfeffer und Senf einstreichen und in heißem Öl, am besten in einem Bräter, bei guter Hitze rundherum anbraten.

Das Fleisch herausnehmen und das klein geschnittene Wurzelgemüse mit dem Zwiebel im Bratrückstand anschwitzen. Das Tomatenmark dazugeben und kurz mitbraten, damit das Gericht eine kräftige Farbe bekommt. Jetzt mit dem Wein ablöschen und mit der Brühe oder dem Wasser aufgießen. Die restlichen Gewürze, die Preiselbeeren und das Fleisch dazugeben und im vorgeheizten Backrohr ca. 1 Stunde unter ständigem Aufgießen bei 180 °C bis 200 °C zugedeckt braten.

Wenn das Fleisch fertig ist (72 °C Kerntemperatur) aus dem Rohr nehmen, Fleisch herausheben und warmhalten. Die entstandene Sauce mitsamt dem Wurzelgemüse mit der „Flotten Lotte" oder dem Pürierstab passieren und bei Bedarf mit Salz und Pfeffer abschmecken.

Das Kerngehäuse des Apfels ausstechen, den Apfel in dicke Scheiben schneiden, in der Butter kurz anschwitzen.

Den in Scheiben geschnittenen Hirschbraten mit der Sauce auf vorgewärmten Tellern anrichten, die Apfelscheiben seitlich dazulegen. In die Mitte der Apfelscheiben kommt etwas von den Preiselbeeren.

Als Beilage eignen sich Serviettenknödel, siehe BEILAGEN.

Wildfilet mit Bandnudeln

Die Wildfilets (von allen Sehnen und Häutchen befreit) in kleine Streifen schneiden. Mit Salz, Pfeffer und Senf würzen und im Fett bei starker Hitze ganz rasch anbraten. Mit dem Obstbrand ablöschen und den Wildjus dazugeben.

Die Bandnudeln in Salzwasser bissfest kochen. Abgießen und und kurz in Olivenöl schwenken.

Mit den Bandnudeln auf vorgewärmten Tellern in der Mitte ein „Nest" machen und das Fleisch mit der Sauce darauf verteilen.

Mit den Kräutern bestreuen.

ca. 350 g Rückenfilets vom Hirschkalb (es kann auch eine andere Wildart verwendet werden)

Salz, Pfeffer, Senf

2 cl Obstbrand

2 EL Öl

¼ l Wildjus

500 g Bandnudeln

Salz

1 EL Olivenöl

frische Kräuter, gehackt

Geschmorte Keule vom Gams
mit Kartoffel-Sellerie-Püree (Für 6 Personen)

1 ganze Keule vom Gams (ca. 2 kg)

1 TL Wacholderbeeren

1 EL Zitronenthymian

2 Lorbeerblätter

Salz

Pfefferkörner

Öl

2 Karotten

¼ Sellerieknolle

1 Petersilienwurzel

2 Schalotten

300 ml Wildfond

200 ml Rotwein

evtl. frische Kräuter

Kartoffel-Sellerie-Püree,
siehe BEILAGEN

Die sehr sorgfältig von allen Häutchen befreite Gamskeule mit den im Mörser zerkleinerten, und mit etwas Öl zu einer dickflüssigen Paste vermischten Gewürzen (auch schon Salz und Pfeffer) kräftig einreiben.

In einem Bräter Öl heiß werden lassen und die Keule von allen Seiten gut anbraten.

Keule herausnehmen, das klein geschnittene Wurzelgemüse sowie die Schalotten im Ganzen in den heißen Bräter geben und kurz anschwitzen.

Die Keule wieder hinzugeben, mit etwas Wildfond und Rotwein aufgießen und bei 170 °C im Rohr ca. 1,5 Stunden zugedeckt schmoren. Bei Bedarf noch Flüssigkeit nachgießen.

Die Keule aus dem Bräter nehmen. Die entstandene Sauce durchseihen, eventuell noch etwas reduzieren.

Von der Keule Scheiben schneiden, auf dem Kartoffel-Sellerie-Püree anrichten, Sauce dazugeben. Mit frischen Kräutern garnieren.

Gamskoteletts
in der Kartoffelkruste

Den sauber von allen Sehnen und Häutchen befreiten Gamsrücken in 8 Koteletts schneiden lassen (den Knochen frei schaben). Mit der flachen Hand das Fleisch leicht plattdrücken und mit den gehackten Gartenkräutern bestreuen. Mit dem Öl übergießen und über Nacht im Kühlschrank durchziehen lassen. Vor dem Braten mit einem Küchentuch trocken tupfen, mit Salz und Pfeffer würzen und mit Senf bestreichen.

Die geschälten, rohen Kartoffeln mit der feinen Reibe aufreiben und die Masse gut ausdrücken. Die gekochten Kartoffeln ebenfalls fein aufreiben und dazumischen. Mit etwas Salz, Pfeffer und Muskatnuss gut würzen und mit dem Obstbrand und dem Ei zu einer geschmeidigen Masse verrühren.

Die Gamskoteletts im heißen Nussöl rasch – je 1 Minute auf beiden Seiten – scharf anbraten und auf ein Backblech legen. Die Kartoffelmasse daraufstreichen und im vorgeheizten Backrohr bei 220 °C ca. 10 Minuten bei Oberhitze überbacken (bis die Kartoffelmasse knusprig ist).

In der Zwischenzeit den Wildjus erwärmen, eventuell mit Salz und Pfeffer abschmecken.

Die Koteletts aus dem Backrohr nehmen, mit dem Wildjus einen Spiegel auf vorgewärmte Teller setzen, das Fleisch daraufgeben, evtl. mit frischen Kräutern bestreuen.

Dazu passen gut: Rahmwirsing oder Mangoldgemüse oder karamellisierte Kohlsprossen.

600 g Gamsrücken mit Knochen

frische Kräuter

¼ l Öl

Senf

200 g speckige Kartoffeln, roh

200 g speckige Kartoffeln, gekocht

Muskatnuss

2 cl Obstbrand

1 Ei

Nussöl zum Braten

Wildjus

Salz, Pfeffer

Medaillons vom Gams mit Pilzrisotto

750 g Rückenfilet vom Gams

Salz, Pfeffer

Rapsöl zum Braten

250 g Risottoreis
(Carnaroli oder Arborio)

1 große Zwiebel

2 EL Butter

1 l klare Gemüsebrühe

1 unbehandelte Zitrone
(Schale, fein geraspelt, und Saft)

50 g Parmesan oder Bergkäse

250 g Pilze nach Wahl

1/8 l Schlagobers

1 Bund Zitronenmelisse

Die klein geschnittene Zwiebel in der Butter andünsten, Risottoreis dazugeben und mit der heißen Gemüsebrühe aufgießen, so dass der Reis bedeckt ist. Knapp bevor die Flüssigkeit verdampft ist, immer wieder mit etwas Brühe aufgießen. Häufig umrühren. Wenn der Reis „al dente" ist, die Zitronenschale, den Saft und den geriebenen Käse dazugeben.

Das Fleisch in ca. 4 cm dicke Medaillons schneiden und etwas plattdrücken. Salzen, pfeffern und im heißen Öl auf jeder Seite ca. 3 Minuten scharf anbraten. Aus der Pfanne nehmen und warm stellen.

Im Bratrückstand die geputzten, blättrig geschnittenen Pilze goldgelb braten und zum Reis geben. Den Schlagobers steif schlagen und unter den Reis heben.

Das cremige Risotto auf vorgewärmten Tellern anrichten und mit der fein geschnittenen Zitronenmelisse bestreuen. Die Medaillons daraufsetzen und das Ganze mit frisch gemahlenem Pfeffer bestreuen.

Dazu passt Rucolasalat mit Zitronenmarinade. Dafür 1 Teelöffel Zitronensalz (siehe Allerlei) mit dem Saft einer Zitrone und Oliven- oder Nussöl mit dem Quirl aufschlagen.

HAUPTSPEISEN

Gamsrückenfilet gegrillt
mit Morcheln und grünem Spargel

Grünen Spargel waschen und nur das untere Drittel schälen. Die Stangen dritteln, in der Pfanne bei mäßiger Hitze in Olivenöl knackig garen. Warm stellen.

Das sorgfältig parierte und gut mit Salz und Pfeffer gewürzte Gamsrückfilet in der heißen Pfanne mit 1 EL Öl von allen Seiten ca. 4 Minuten gut anbraten. In Alufolie wickeln und im Rohr bei 100 °C ca. 6 Minuten rasten lassen.

Butter in der Pfanne erhitzen, die geputzten, ganz kurz abgespülten Morcheln schnell anbraten, den Spargel dazugeben. Mit Salz und Pfeffer würzen.

Im tiefen Teller einen Sockel aus Spargel und Morcheln anrichten. Darauf das in schräge Scheiben geschnittene Gamsrückenfilet setzen.

Der ausgetretene Fleischsaft, der sich in der Alufolie gesammelt hat, kann wieder in die Pfanne gegeben werden. Etwas Wasser oder Fond hinzufügen. Bei starker Hitze aufkochen lassen, dabei den Bratrückstand mit einem Kochlöffel lösen. Reduzieren.

Etwas von dem Saft zum Schluss über das Gericht träufeln.

Dazu passt sehr gut gebratene Polenta (Polentataler, siehe BEILAGEN).

600 g Gamsrückenfilet

Öl

12 Stk. grüner Spargel (dünn)

2 EL Olivenöl

20 frische Spitzmorcheln

1 EL Butter

evtl. etwas Wildfond

Salz, Pfeffer

Rückenfilet vom Gams im Kartoffelmantel mit karamellisiertem Fenchel (Für 6 Personen)

800 g Gamsrückenfilet
(oder eine andere Wildart)

2 EL Senf

100 g Haselnüsse, gerieben

100 g Semmelbrösel

3 EL Butter

1 kg mehlige Kartoffeln

frische Kräuter (z. B. Petersilie, Rosmarin, Salbei)

1 TL Zimt, gemahlen

1 Ei

3 EL Rapsöl

2 Fenchelknollen

2 EL Zucker

2 EL Butter

evtl. Wodka oder Apfelsaft

½ l Wildjus

Salz, Pfeffer

Das Rückenfilet von Fett und Häutchen befreien und in drei Teile schneiden (damit diese später in die Kartoffelpuffer eingehüllt werden können). Mit Salz und Pfeffer würzen und mit dem Senf rundherum einreiben. Danach in der Brösel-Nuss-Mischung wälzen und in der Butter vorsichtig rundherum anbraten. Aus der Pfanne nehmen und warmstellen.

Die eine Hälfte der Kartoffeln in der Schale weich kochen, die andere Hälfte roh schälen und grob reiben. Die gekochten Kartoffeln schälen und durch die Kartoffelpresse (oder „Flotte Lotte") drücken.

Mit den geriebenen, gut ausgedrückten Kartoffeln, den fein gehackten Kräutern, Salz, Pfeffer und einem Teelöffel Zimt würzen. Mit dem Ei zu einer Masse verrühren, Öl in einer Pfanne heiß werden lassen und die Kartoffelmasse – so wie Kartoffelpuffer – auf einer Seite kurz anbraten. Je Rückenstück braucht man einen entsprechend großen Kartoffelpuffer.

Den einseitig angebratenen Kartoffelpuffer mit der rohen Seite nach oben auf ein Küchentuch legen. Den Wildrücken auflegen, mit Hilfe des Tuches fest einrollen und auf einen Bratenrost setzen. Hat man mehrere Rückenfilets, wiederholt sich dieser Vorgang je nach Stückzahl.

Den Backofen vorheizen und die Rückenfilets bei 220 °C ca. 12 – 15 Minuten backen (je nach Fleischdicke).

Den Fenchel putzen und in ca. 3 mm dünne Scheiben schneiden, kurz in Salzwasser blanchieren und gut abtropfen lassen.

Den Zucker in der Butter vorsichtig karamellisieren, den Fenchel einlegen und kurz auf kleiner Flamme zugedeckt ziehen lassen. Wenn nötig mit etwas Wodka oder Apfelsaft aufgießen.

Den Wildjus erwärmen und mit dem aufgefangenen Bratensaft mischen, danach reduzieren. Wenn nötig, nachwürzen und mit dem Fenchel auf vorgewärmten Tellern anrichten. Das Fleisch in breite, schräge Tranchen schneiden und dazulegen.

Gamsrückenfilet an Lebkuchensauce mit gewürzten Hauszwetschken

Für die Lebkuchensauce den kleinwürfelig geschnittenen Lebkuchen im Wildfond einige Minuten köcheln lassen, Sauce etwas reduzieren. Mit dem Stabmixer aufschlagen. Wieder erwärmen, die kalte Butter hinzufügen, aufschlagen (montieren), mit dem Cognac, Salz und Pfeffer abschmecken.

Für die Gewürzzwetschken den Zucker leicht karamellisieren, mit dem Rotwein aufgießen, die übrigen Zutaten hinzufügen und reduzieren, bis die Flüssigkeit leicht sirupartig ist. Die Zwetschken hineingeben, kurz ziehen lassen und zur Seite stellen.

Das sorgfältig parierte und mit Salz und Pfeffer gewürzte Rückenfilet in heißem Öl von allen Seiten bei mäßiger Hitze 4 Minuten anbraten. Im Rohr bei 100 °C ca. 5 Minuten rasten lassen.

Das Fleisch in dünne Scheiben schneiden. Mit der Sauce einen Spiegel auf die vorgewärmten Teller setzen, die Medaillons daraufgeben, mit den Zwetschken garnieren.

Dazu passen sehr gut Schupfnudeln mit Nüssen, siehe BEILAGEN.

600 g Gamsrückenfilet
(oder eine andere Wildart)

Salz, Pfeffer

Olivenöl

100 g Lebkuchen

300 ml Wildfond

1 EL kalte Butter

2 cl Cognac

12 Stk. Hauszwetschken
(oder aus dem Glas,
oder eingeweichte Dörrzwetschken)

4 EL Zucker

200 ml kräftiger Rotwein

1 kleine Zimtstange

3 Zimtnelken

Schale von unbehandelter
Zitrone und Orange, gerieben

Rückenfilet vom Gams im Netz an Schalottenmus

600 g Gamsrückenfilet

800 g Eierschwammerl

4 EL Zwiebel, fein gehackt

2 EL Petersilie, gehackt

2 EL Öl

150 g Gamsfleisch

100 g Schlagobers

1 Kopf Wirsingkohl

2 – 3 Schweinsnetze
(je nach Größe)

15 Schalotten

150 ml guter Balsamicoessig

400 ml kräftiger Rotwein

100 g Gelierzucker

Thymian

16 Jungzwiebeln

1 EL Butter

Prise Zucker

Salz, Pfeffer

Die Zwiebel in wenig Öl anschwitzen, die gehackten Eierschwammerl dazugeben und bei stärkerer Hitze anbraten. Die Flüssigkeit, die von den Pilzen austritt, kann abgeschüttet werden, die Schwammerl kurz im Sieb lassen. Dann nochmals etwas Öl heiß werden lassen, die Schwammerl wieder hineingeben. Mit Salz, Pfeffer würzen, Petersilie hinzugeben.

Für die Farce das rohe Gamsfleisch ganz fein faschieren und kalt stellen. Wenn es gut gekühlt ist, im Zerkleinerer mit Salz und Pfeffer und dem Schlagobers mixen. Mit der Schwammerlmasse verrühren.

Das parierte Gamsrückenfilet salzen, pfeffern und in einer Pfanne von allen Seiten kurz anbraten.

Einige Blätter vom Kohl ablösen, kurz überbrühen, kalt abschrecken. Die harte Rippe herausschneiden, mit Küchenpapier trocken tupfen. Das gut gesäuberte Schweinsnetz auflegen, darauf die Kohlblätter. Auf diese wiederum die Schwammerl-Farce-Masse streichen. Darauf das vorgebratene Rückenfilet setzen, einrollen. Nochmals von allen Seiten anbraten und schließlich im Rohr bei 180 °C in ca. 10 – 12 Minuten fertig garen.

Die fein gehackten Schalotten mit dem Balsamicoessig, dem Rotwein und dem Gelierzucker einkochen, mit Salz, Pfeffer würzen. Etwas gerebelten Thymian dazugeben. Die Jungzwiebeln putzen, das Dunkelgrüne entfernen, kurz blanchieren, dann in Butter mit etwas Salz und Zucker glacieren.

Das Rückenfilet sehr schräg in ca. 1 cm dünne Scheiben schneiden. Zusammen mit dem Schalottenmus und den Jungzwiebeln anrichten.

Als Beilage eignen hier sehr gut Kartoffelkroketten.

Wok vom Gams

Das sorgfältig vorbereitete Fleisch in ca. 3 cm breite, jedoch recht dünne Streifen schneiden, das Gemüse in feine Streifen, je nach Art.

Das Öl in der Wokpfanne erhitzen und das Gemüse darin kurz anbraten. Dann an den Pfannenrand schieben. Das Fleisch mit Salz, Pfeffer und Senf würzen und im Öl rasch anbraten. Mit dem Weißwein ablöschen, den Wildjus dazugeben, das Gemüse ebenfalls wieder dazugeben und kurz aufkochen. Eventuell mit etwas in Wasser aufgelöster Stärke binden.

Mit asiatischen Eiernudeln servieren.

600 g Gamsrücken oder -schlögel

500 g frisches Gemüse
(Karotten, Gelbe Rüben, Weißkraut,
Radicchio, rote Zwiebeln, Lauch)

3 EL Öl

Salz, Pfeffer

1 EL Senf

1/8 l Weißwein

2 EL Wildjus

evtl. 1 EL Stärkemehl

Gamskitzkoteletts auf Schwarzbrottoast an Walnuss-Vogerlsalat

Den Gamskitzrücken sauber zuputzen und in 8 gleich große Stücke schneiden lassen (den Rippenknochen blank schaben). Die Koteletts mit Salz, Pfeffer und Senf würzen und in der Butter von beiden Seiten gut anbraten.

Die Pfanne vom Herd nehmen, Fleisch mit dem Obstbrand ablöschen. Koteletts warm stellen.

Den Vogerlsalat waschen und trocken schleudern. Aus Salz, Pfeffer, dem Apfelessig und dem Nussöl eine sämige Marinade rühren und über den Salat träufeln.

Das Schwarzbrot knusprig toasten, die warmen Gamskoteletts darauf legen und mit dem Salat an der Seite anrichten. Die grob gehackten Walnüsse darüberstreuen.

Die Preiselbeeren mit Chili (Öl oder Schote) und Holundersaft mit dem Pürierstab aufmixen und als Dip zum Toast reichen.

1 Rücken vom Gamskitz
(mit den Rippenknochen)

Salz, Pfeffer

1 EL Senf

2 EL Butter zum Braten

2 cl Obstbrand
(Orangen- oder Apfelsaft)

8 Scheiben Schwarzbrot

300 g Vogerlsalat

2 EL Nussöl

2 EL Apfelessig

Salz, Pfeffer

50 g Walnüsse

200 g Preiselbeeren
(oder andere Waldbeeren)

1 Chilischote oder etwas Chiliöl

4 cl roter Holundersaft

Koteletts vom Mufflonlamm mit Schwammerlletscho

1 ganzer Rücken vom Mufflonlamm (oder –schaf)

1 Zweig Zitronenmelisse

1 Zweig Orangenthymian

3 EL Öl zum Braten

4 Paprika (grün, gelb oder rot)

750 g Tomaten

1 große Zwiebel

1 EL Öl

500 g Eierschwammerl (eher kleinere)

1/8 l Sauerrahm oder Crème fraîche

frische Kräuter

Salz, Pfeffer

Die Paprika im Rohr bei 180 °C auf einem Blech ca. 30 Minuten, aber jedenfalls so lange rösten, bis die Haut gut gebräunt ist. Kurz überkühlen lassen, Haut abziehen, Kerne und Stiele entfernen. Paprikaschoten in ½ cm breite Streifen schneiden.

Die Tomaten kreuzweise einschneiden, kurz in kochendes Wasser legen, kalt abschrecken, die Haut abziehen. Kerne und Stielansätze entfernen, das Fruchtfleisch in kleine Würfel (1 x 1 cm) schneiden.

Die Zwiebel fein hacken und mit den Tomaten und dem Paprika in wenig Öl weich dünsten. Die gewaschenen, eventuell etwas zerkleinerten Eierschwammerl dazugeben und mitdünsten. Mit Salz und Pfeffer abschmecken, mit Sauerrahm binden und vor dem Servieren mit den klein geschnittenen Kräutern bestreuen.

Das Fleisch in 8 gleich große Koteletts schneiden lassen. Diese mit der flachen Hand etwas plattdrücken. Mit Salz und Pfeffer würzen.

Im heißen Fett kurz von beiden Seiten anbraten, mit dem Thymian und der Melisse belegen, warm stellen und zugedeckt ca. 8 Minuten ziehen lassen.

Das Schwammerlletscho auf warmen Tellern anrichten, das Fleisch daraufsetzen und den entstandenen Bratensaft darübergeben.

Dazu passt ein flaumiges Kartoffelpüree.

Steak vom Mufflon (Wildschaf) im Speckmantel mit Roten Rüben, dazu Sesampolenta

Das Mufflonfleisch von Haut und Sehnen befreien und mit dem Speck dick umwickeln. In einer Pfanne mit wenig Öl rundherum anbraten (dabei gibt der Speck noch Fett ab). Das Fleisch auf ein Backblech legen und im vorgeheizten Rohr bei 180 °C ca. 10 Minuten garen, das Fleisch sollte innen noch rosa sein.

Die Roten Rüben sauber waschen und schälen, der Länge nach vierteln. Mit Salz und Kümmel, den Krenscheiben und dem Olivenöl marinieren, in die Bratfolie geben, diese gut verschließen und bei 200 °C im Backofen 20 Minuten braten.

Das Fleisch in breite Tranchen schneiden und mit den Roten Rüben und der Polenta (Polentanockerln) auf warmen Tellern anrichten, einen Esslöffel vom Wildjus darübergeben.

700 g Mufflonrücken
oder Schlögel, ausgelöst

250 g Bauchspeck, dünn geschnitten

2 EL Öl zum Braten

8 kleine Rote Rüben

3 Scheiben frischer Kren (3 mm dick)

Salz, Pfeffer

Prise Kümmel, gemahlen

2 EL Olivenöl

1 Stk. Bratfolie

¼ l Wildjus

Sesampolenta, siehe BEILAGEN
(Polentanockerl)

HAUPTSPEISEN

Mariniertes Wildschweinrückenfilet auf Rhabarber mit Schwarzbrotchips

Die Hälfte des Salbeis mit dem Knoblauch und etwas Öl im Mörser zerstoßen und die sauber von allen Sehnen und Häutchen befreiten Wildschweinfilets damit einstreichen. Eine Stunde zugedeckt im Kühlschrank ruhen lassen.

In der Zwischenzeit den Rhabarber schälen und in ca. 3 cm lange Stücke schneiden. Mit dem Honig beträufeln und 10 Minuten ziehen lassen.

Den Rhabarber anschließend in einen Bräter (mit Deckel) legen. Die mit Salz und Pfeffer gewürzten Filets zum Rhabarber geben, die Speckscheiben auf die Filets legen (wenn noch Salbei-Öl übrig ist, kann man es über den Speck träufeln). Den restlichen Salbei in kleine Stückchen reißen und darüberstreuen. Den Bräter zudecken und alles für 15 Minuten bei 220 °C im Backrohr schmoren.

Danach den Deckel abnehmen und nochmals 15 Minuten braten, bis der Speck sehr knusprig ist.

Für die Schwarzbrotchips werden Brotscheibchen in einer Pfanne in ganz wenig heißem Öl auf beiden Seiten knusprig gebraten.

Beim Durchschneiden der Filets den Fleischsaft auffangen und zum Rhabarber geben. Das Rhabarber-Saft-Gemisch auf vorgewärmte Teller geben (einen Spiegel setzen) und die Fleischstücke darauflegen. Schwarzbrotchips dazureichen.

500 g Wildschweinrückenfilet

1 Handvoll Salbeiblätter

1 Knoblauchzehe

1 – 2 EL Öl

4 Stangen Rhabarber

1 EL Waldhonig

10 – 12 Scheiben
Schinken oder Speck

4 Scheiben Schwarzbrot,
sehr dünn geschnitten

Salz, Pfeffer

Öl zum Braten

Wildschweinschnitzel im Walnussmantel auf Spargelragout

4 Wildschweinschnitzel (am besten aus der Keule, vom Überläufer, das ist ein junges Wildschwein)

Salz

Mehl

1 Ei

100 g Semmelbrösel

100 g Haselnüsse, grob gerieben oder gehackt

Butterschmalz zum Herausbacken

500 g Spargel

Wasser

Salz, Zucker

2 EL Butter

3 EL Schlagobers

frische Kräuter (Kerbel, Thymian oder Petersilie)

Salz, Pfeffer

Salz und Zucker in das Wasser geben und die geschälten Spargelstangen darin bissfest kochen. Die Butter in einer Pfanne zerlaufen lassen, die leicht überkühlten Spargelstangen in schräge Stücke (ca. 1,5 cm groß) schneiden und in die Butter geben.

Mit Salz und Pfeffer würzen, mit dem Schlagobers aufgießen und ein Mal vorsichtig aufkochen lassen. Vor dem Servieren mit den gehackten Kräutern bestreuen.

Die Wildschweinschnitzel unter Klarsichtfolie sanft klopfen und etwas salzen. In Mehl, versprudeltem Ei und der Semmelbrösel-Nuss-Mischung panieren und im Butterschmalz goldgelb herausbacken.

Mit dem Spargelragout anrichten.

HAUPTSPEISEN

Wildschweinkoteletts
an Roggenbrot-Calvados-Sauce

Roggenbrot mit einem scharfen Messer fein hacken und in 1 EL Öl anbraten, mit dem Calvados (Armagnac) ablöschen, mit Wildfond auffüllen und ganz leicht köcheln lassen, bis die gewünschte Bindung – durch das Brot – entsteht. Eventuell mit etwas angerührter Stärke binden.

In grobe Streifen geschnittene Wirsingblätter in Salzwasser blanchieren, sofort mit kaltem Wasser abschrecken, abtropfen lassen.

Zwiebel kleinwürfelig schneiden, zusammen mit dem Speck anschwitzen, mit Wildfond und Schlagobers auffüllen und auf die Hälfte reduzieren. Danach den blanchierten Wirsing hinzugeben. Würzen (Vorsicht: Der Speck ist schon salzig!).

Wildschweinkoteletts salzen und pfeffern. In eine sehr heiße Grillpfanne 1 EL Öl geben und die Koteletts auf jeder Seite, je nach Dicke, 2 – 4 Minuten grillen. Da dies ein sehr zartes Fleisch ist, ständig beobachten (Druckprobe). Die Koteletts sollen nicht ganz durchgebraten sein, da sie sonst trocken werden.

Als Beilage eignen sich Röstkartoffeln.

In einem tiefen Teller einen Sockel mit den Röstkartoffeln anrichten, daran das Kotelett geben. Den Kohl und etwas Sauce daneben platzieren.

8 Wildschweinkoteletts
(nur das Rückenfiletstück
am blank geputzen Knochen)

150 g Roggenbrot

2 EL Erdnussöl

8 cl Calvados (oder Armagnac)

1/4 l Wildfond

1 Kopf Wirsingkohl

1 Zwiebel

50 g Bauchspeck, gewürfelt

1/8 l Wildfond

1/8 l Schlagobers

Salz, Pfeffer

135

Gefüllte Fasanenbrust

4 Fasanenbrüstchen

4 Scheiben Schinken,
geräuchert oder gekocht

4 Scheiben Mozzarella

8 Salbeiblätter

1/8 l Weißwein

¼ l Wildjus

250 g Blattspinat

Salz, Pfeffer

1 Schweinsnetz

Öl zum Braten

In die gesäuberte Fasanenbrust eine tiefe Tasche schneiden und mit dem Schinken, dem Mozzarella und dem Salbeiblatt füllen. Wieder zusammenklappen. Mit einem Zahnstocher fixieren. Im heißen Fett rundherum gut anbraten und warm stellen.

Den Bratrückstand mit Wein ablöschen und mit etwas Wildjus einkochen (reduzieren).

Die Spinatblätter in heißem Salzwasser kurz blanchieren und kalt abschrecken, damit die Farbe des Spinats erhalten bleibt.

Die Brüstchen salzen und pfeffern. Das Schweinsnetz gut säubern und auf Küchenpapier trocknen, in vier Teile schneiden. Auflegen, die Spinatblätter darauf verteilen und die Fasanenbrüstchen fest einwickeln.

In eine Form legen und im vorgeheizten Backrohr bei 190 °C ca. 20 Minuten braten, bis das Netz außen schön knusprig ist.

Den abgeschmeckten Bratfond auf die vorgewärmten Teller verteilen (einen Spiegel setzen). Die Brüstchen schräg durchschneiden und daraufsetzen.

Dazu passt sehr gut Couscous.

HAUPTSPEISEN

Wildfasan in Senfsauce
mit Kartoffel-Maroni-Knödel

Das Geflügel in Stücke zerteilen (je 8 Stück: Unterkeule, Oberkeule, die 2 Bruststücke schräg halbiert) und mit Salz und Pfeffer würzen. Das Rapsöl in einer Pfanne heiß werden lassen und das Geflügel darin von allen Seiten anbraten. Herausheben.

Im Bratrückstand die fein gehackten Zwiebeln kurz anschwitzen und ebenfalls wieder herausnehmen. Die Butter in der Pfanne schmelzen lassen. Das Mehl einstreuen und kurz anschwitzen. Mit dem Weißwein ablöschen, glattrühren, dann den Salbei, die Kapern, den Senf und den Zwiebel dazugeben. Das Ganze unter ständigem Rühren aufkochen lassen, mit Salz, Pfeffer und dem Honig würzen, die geviertelten Knoblauchzehen dazugeben.

Nunmehr das Wildgeflügel in die Sauce legen und bei kleiner Hitze köcheln lassen, bis das Fleisch weich ist. Wenn nötig, mit etwas Gemüsebrühe aufgießen.

Die Kartoffeln in der Schale kochen, schälen und noch warm durch die Kartoffelpresse drücken. Etwas überkühlen lassen und mit den restlichen Zutaten mischen, so dass ein geschmeidiger Teig entsteht. Wenn nötig, mit etwas Mehl binden. Kleine Knödel formen und in wallendem Salzwasser garen lassen, bis sie obenauf schwimmen.

Das Wildgeflügel auf den vorgewärmten Tellern anrichten, die Kartoffel-Maroni-Knödel dazugeben. Frische Majoran- oder Basilikumblättchen abzupfen und darüberstreuen.

1 – 2 Wildfasane (oder Wildenten)

8 EL Rapsöl

300 g rote Zwiebel oder Schalotten

2 EL Butter

1 EL Mehl

1 Fl. trockener Weißwein

4 Blatt Salbei

1 EL Salzkapern

2 EL Englischer Senf oder Dijon-Senf

2 – 3 Knoblauchzehen, geschält

1 EL Honig

Salz, Pfeffer

500 g Kartoffeln, mehlig

10 Maroni, gekocht, grob gehackt

100 g Grieß

1 Ei

Mehl

Salz, Pfeffer

Muskatnuss

1 EL Butter

frischer Majoran oder Basilikum

Wildentenbrüstchen an Rotweinsaftl

4 Wildentenbrüstchen

500 g rote oder braune Bohnen

100 g Bauchspeck, fein gewürfelt

1 rote Zwiebel, fein gewürfelt

3 EL Mehl

1/8 l Rotwein

½ l Gemüsebrühe
oder Bohnenkochwasser

2 Stangen Rhabarber

5 – 6 Kirschtomaten

frische Kräuter (Melisse,
Zitronenthymian, Zitronenverbene)

Salz, Pfeffer

Die Bohnen am Vorabend einweichen, am nächsten Tag in reichlich frischem Wasser weich kochen, salzen.

Speck in einer Pfanne anschwitzen, Zwiebel hinzufügen, kurz braten. Alles aus der Pfanne nehmen und zur Seite geben.

Die Entenbrüstchen von Haut und Sehnen befreien, kurz waschen und mit Salz und Pfeffer würzen. In Mehl wenden und in der Pfanne im übrigen Fett rundherum anbraten.

Herausnehmen und in einer Kasserolle warm halten. Den Bratrückstand mit dem Rotwein ablöschen und einkochen lassen. Mit einem Teil der Brühe oder dem Kochwasser der Bohnen (enthält Stärke) aufgießen und über die Entenbrüstchen geben. Die gekochten Bohnen und den geschälten, in ca. 3 cm große Stücke geschnittenen Rhabarber hinzufügen. Im vorgeheizten Backrohr bei 120 °C ca. 15 Minuten offen schmoren. Wenn nötig, etwas aufgießen.

Kurz vor dem Servieren die halbierten Tomaten und die Speck-Zwiebel-Mischung beifügen. Mit Salz und Pfeffer abschmecken.

Die Brüstchen herausheben, schräg halbieren und mit dem Gemüseragout auf vorgewärmten Tellern anrichten. Mit den gehackten Kräutern bestreuen.

Tipp:

Das Kochwasser von stärkehältigen Lebensmitteln wie Bohnen oder Nudeln eignet sich gut zum Aufgießen von Saucen. Durch die enthaltene Stärke erhalten sie eine schöne Bindung. Man erspart sich so die üblichen Bindemittel (Stärke, Mehl).

HAUPTSPEISEN

Wildentenbrust an Apfelchutney und Polentatalern

Die Wildentenbrüstchen gut waschen, mit Küchenpapier trocken tupfen und die Haut mit einem scharfen Messer rautenförmig einschneiden. Mit Salz und Pfeffer würzen.

Die Brüstchen zuerst mit der Hautseite nach unten in 1 EL Butter knusprig anbraten, danach aus der Pfanne nehmen. In Alufolie wickeln und im Rohr bei 180 °C ca. 5 Minuten rasten lassen.

Den Bratrückstand mit der Gemüsebrühe aufgießen, mit einem Stück (ca. 1 EL) kalter Butter binden und etwas reduzieren.

Für das Chutney die Butter in einer Pfanne zerlaufen lassen. Die Jungzwiebeln waschen, das Dunkelgrüne entfernen, den Rest in Ringe schneiden und in der Butter kurz anlaufen lassen (nicht bräunen).

Den Apfel waschen und ungeschält in kleine Würfel schneiden. Die Holundermarmelade mit den Apfelstücken zu den Jungzwiebeln geben, alles kurz durchschwenken. Mit dem Apfelessig ablöschen und mit dem Apfelsaft aufgießen.

Das Chutney mit Salz und Pfeffer gut würzen und zum Schluss etwas Kren dazugeben. Das Ganze ca. 10 Minuten auf kleiner Flamme köcheln lassen.

Den Bratfond noch einmal kurz erhitzen. Die Entenbrüstchen aus der Folie nehmen, schräg in Stücke schneiden und mit der Sauce anrichten. Das Chutney und die Polentataler dazugeben und mit den frischen Kräutern garnieren.

4 Wildentenbrüstchen mit Haut

Salz, Pfeffer

2 EL Butter

¼ l Gemüsebrühe

1 EL Butter

1 Bund Jungzwiebeln

1 großer säuerlicher Apfel

1 EL Holundermarmelade

2 cl Apfelessig

1/8 l Apfelsaft

Salz, Pfeffer

1 TL Kren, gerieben

frische Kräuter, gehackt

Polentataler, siehe BEILAGEN

Lauwarmes Hasenrückenfilet
mit Malzbier-Äpfeln und Honigvinaigrette

4 Hasenrücken, ohne Knochen

Salz, Pfeffer

2 – 3 Wacholderbeeren

2 EL Nussöl

½ Flasche Malzbier

2 TL Zucker

Prise Zimt

2 Stäbchen Zitronengras,
grob geschnitten

3 Gewürznelken

2 EL Honig

4 kleine säuerliche Äpfel

1 Bund Radieschen
oder Eiszapfen

200 g Vogerl-
oder Rucolasalat

2 TL Apfelessig

2 EL Nussöl

1 TL Honig

Salz, Pfeffer

100 g Walnüsse
oder Mandeln

Die Hasenrücken sauber zuputzen. Mit Salz, Pfeffer und den zerdrückten Wacholderbeeren einreiben und im heißen Nussöl rundherum anbraten. Warm stellen.

Das Bier mit Zucker, Zimt, Zitronengras, Nelken und Honig aufkochen. Die Äpfel schälen, Kerngehäuse ausstechen. Die in Scheiben geschnittenen Äpfel in der Biermischung kurz dünsten.

Die Radieschen bzw. Eiszapfen in feine Stifte schneiden. Den Salat waschen und trocken schleudern. Auf den Tellern verteilen, die Äpfel und die Radieschen daraufgeben.

Die lauwarmen Hasenfilets in ca. 1 cm dünne Scheiben schneiden und auf dem Salat verteilen.

Den Apfelessig mit Salz, Pfeffer, Honig und Nussöl mischen und mit dem Quirl gut aufschlagen. Die Vinaigrette über den Salat träufeln, die Walnüsse oder Mandeln grob hacken und darüberstreuen.

Dazu passt selbstgemachtes Brot, siehe ALLERLEI.

Tipp:

Für diesen Salat kann man genauso gut jegliche Art von Wildgeflügel verwenden (z. B. Enten-, Fasan- oder Taubenbrüstchen).

Hasenpfeffer

1 kg Hasenklein
(Hinterlaufteile, Hals, Rippen)

2 EL Erdnussöl

1 Handvoll Schalotten

1 kleine Knochlauchzehe

Rosmarin,
gerebelt und fein gehackt

Aceto Balsamico

½ l Rotwein (Merlot)

3 Wacholderbeeren

3 Lorbeerblätter

Prise Nelkenpulver

Salz, Pfeffer

2 EL Butterschmalz

400 g gemischte Waldpilze

In einem Bräter oder großen Topf das Öl heiß werden lassen, darin das Hasenklein unter oftmaligem Umrühren anbraten.

Klein gewürfelte Schalotten, zerdrückten Knoblauch und Rosmarin dazugeben, kurz mitbraten. Mit einem Teil des Rotweines und des Aceto Balsamico ablöschen und zugedeckt bei kleiner Hitze schmoren lassen.

Wenn die Flüssigkeit fast ganz verkocht ist, wiederum Rotwein und etwas Aceto Balsamico beigeben. Dies 2 – 3 Mal wiederholen. Dann mit kaltem Wasser auffüllen, so dass das Kochgut nahezu bedeckt ist.

Die zerdrückten Wacholderbeeren, die Lorbeerblätter und das Nelkenpulver dazugeben. Aufkochen und so lange leicht köcheln lassen, bis das Fleisch fast vom Knochen fällt und durch die zerkochten Schalotten eine Bindung erfährt. Kräftig mit Salz und Pfeffer würzen.

Die Pilze in Butterschmalz scharf anbraten, Hasenpfeffer damit dekorieren.

Dazu passen gut Nudeln, Spätzle, Schupfnudeln etc.

Desserts

DESSERTS

Dessert von wilden Beeren

Die Waldbeeren kurz waschen (oder auftauen und abtropfen lassen) und ca. 100 g davon klein schneiden und in kleine, schmale Gläser füllen. Die restlichen Beeren mit dem Mineralwasser pürieren.

Die Kräuter rebeln, in Olivenöl und Zucker kurz karamellisieren, dann zum Fruchtpüree geben und mit Stabmixer fein mixen. Mit Chiliöl abschmecken.

Das Zitronengras in 3 EL Wasser aufkochen, ein wenig konzentrieren lassen. Die Stange wieder entfernen. Das Joghurt mit dem Schlagobers, dem Zitronengraswasser, der ausgeschabten Vanille und dem Ahornsirup cremig aufschlagen und über die Beeren im Glas verteilen. Ca. für 1 Stunde kühl stellen.

Erst kurz vor dem Servieren wird das Fruchtmus mit dem Weißwein (oder Saft) mit dem Mixer aufgeschlagen und vorsichtig über die Joghurtmasse verteilt (so entstehen rot-weiß-rote Schichten).

Anschließend das Glas auf einen dekorativen, großen Teller setzen und mit frischen Thymianzweigen garnieren.

500 g Waldbeeren nach Wahl
(frisch oder tiefgefroren)

¼ l Mineralwasser

1 Zweig frischer Thymian

1 Zweig frischer Rosmarin

2 EL Kandis- oder Rohrzucker

Olivenöl

Chiliöl

½ Stange Zitronengras

¼ l Naturjoghurt, cremig

2 EL Schlagobers

1 Vanilleschote

1 EL Ahornsirup
oder Blütenhonig

1/16 l Weißwein
(oder Fruchtsaft)

Thymianzweige für die Garnitur

„Die süßesten Früchte"
(hängen nicht nur in Nachbars Garten)

1 kg Früchte der Saison
z. B. verschiedenste Waldbeeren,
aber auch Rhabarber, Erdbeeren,
Kirschen, Äpfel, Birnen, Pflaumen,
Ribisel (die ganze Rispe)

Vanille-Rum

Butter zum Überbacken

Staubzucker nach Belieben

½ l Schlagobers

1 Vanilleschote

evtl. Zucker

Saisonale Früchte geben diesem Dessert mit ihrem frischen Geschmack die ganz besondere Note. Wenn man wilde Früchte bekommt (Vogelkirschen, Himbeeren, Walderdbeeren, Brombeeren usw.), sind diese jenen zu bevorzugen, die im eigenen Garten gedeihen oder gerade am Markt erhältlich sind.

Die Früchte waschen und eventuell – je nach Größe – halbieren und in eine feuerfeste Form schichten. Mit dem Vanille-Rum (ausgeschabte Vanilleschoten in einem Glas mit gutem, 80%-igem Rum über Nacht angesetzt, ergibt ein vorzügliches Aromatikum für verschiedenste Süßspeisen) beträufeln und mit dem Staubzucker bestreuen.

Ein paar Butterflöckchen daraufsetzen und im Backofen (Grill) bei maximaler Hitze ca. 4 – 5 Minuten grillen. Die Früchte müssen ihre natürliche Form behalten und dürfen nicht zerfallen.

Die Vanilleschote der Länge nach halbieren und mit dem Messerrücken ausschaben. Das Mark zum Schlagobers geben, Zucker nach Belieben beifügen, halbfest aufschlagen (Obers immer mit der Schneerute aufschlagen, dadurch wird es wunderbar kompakt).

Heiße Früchte in kleine Schüsseln aufteilen, das Vanilleobers darübergeben – himmlisch!

D E S S E R T S

Waldeslust

Backrohr auf 200 °C vorheizen.

Die Eier trennen. Eiweiß mit einer Prise Salz steif schlagen, dann mit Zucker und ausgeschabter Vanille nochmals aufschlagen.

Eine feuerfeste Form mit Butter befetten, Milch hineingeben.

Die verrührten Dotter und das Mehl vorsichtig unter die Schneemasse heben und die Masse sofort in die Form füllen. Mit den gesäuberten Beeren belegen und im Rohr ca. 8 Minuten backen. Das fertige Soufflé dick mit Zucker bestreuen und sofort servieren.

Dazu passt eine Himbeeressigreduktion.

4 Eier

Prise Salz

2 EL Kristallzucker

1 Vanilleschote

Butter für die Form

1 EL Milch

2 TL Mehl

250 g Beeren
nach Wahl und Saison

Staubzucker zum Bestreuen

Kärntner Eisreindling

500 g Vanilleeis

3 Eier

100 g Zucker

1 Vanilleschote

50 g Rosinen

1 EL Zimt gemahlen

¼ l Schlagobers

(evtl. Waldbeeren)

Das Vanilleeis aus dem Tiefkühler nehmen und etwas antauen lassen.

In einer Rührschüssel den Zucker und die Eier mit der ausgeschabten Vanille über Dampf zu einer festen Creme aufschlagen. In kaltem Wasser so lange weiter schlagen, bis sie ausgekühlt ist.

Das angetaute Vanilleeis mit einem Schneebesen glatt rühren und die aufgeschlagene Masse vorsichtig unterheben (muss rasch gehen, damit die Masse nicht zerfließt).

Eine Gugelhupfform kalt ausspülen und mit Frischhaltefolie auslegen. Jetzt die Masse zu einem Drittel einfüllen, mit den Rosinen und dem Zimt bestreuen mit etwas Masse abdecken. Dies etwa dreimal wiederholen, bis die gesamte Masse schichtweise eingefüllt ist. Mit Frischhaltefolie gut abdecken und wieder in den Tiefkühler geben. Etwa einen Tag gut durchfrieren lassen. Lässt sich sehr gut auf Vorrat produzieren.

Zum Anrichten gibt man warme Himbeeren oder andere Waldbeeren auf einen Teller, schneidet mit einem in Wasser getauchten Messer gefällige Stücke vom Reindling und gibt diese mit je einem Löffel handgeschlagenem Schlagobers zu den Beeren.

Mit Zimt und Zucker bestreuen.

D E S S E R T S

Wildes Baiser mit Eis und Lavendelessig

2 Stück Baiser (Windgebäck
aus der Konditorei)

500 g Beeren der Saison
(Himbeeren, Brombeeren etc.)

50 g Zucker

4 cl Waldbeerenlikör oder Himbeersaft

250 g Eis nach Wahl (sehr gut
passen Vanille oder Haselnuss)

4 cl Lavendelessig

Staubzucker zum Bestreuen

Die Beeren sauber waschen und mit dem Zucker im Likör oder Himbeersaft vorsichtig erwärmen.

Auf einem Teller anrichten, den halbierten Baiser daneben platzieren, mit einer Kugel Eis füllen und mit dem Lavendelessig überziehen. (Mit Staubzucker dick bestreut sieht dies wie ein verschneiter Berggipfel aus.)

Dazu passt vorzüglich handgeschlagener Schlagobers mit einer Prise Muskatnuss.

Beilagen

Polentanockerl

200 g Maisgrieß

1/2 TL Salz

½ l Wasser

1/8 l Schlagobers

Den Maisgrieß in die kochende, gesalzene Wasser-Schlagobers-Mischung einrieseln lassen und unter ständigem Rühren kochen, bis er eine feste Konsistenz hat.

Mit einem nassen Löffel Nockerl aus der Polenta ausstechen und als Beilage anrichten.

Varianten:

Sesampolenta
Sesamkörner in einer trockenen Pfanne leicht anrösten. Entweder in die fertige Polentamasse einrühren oder, zum Schluss, über die angerichteten Polentanockerl streuen.

Cremepolenta
Wenn man den Wasseranteil erhöht oder die Grieß-menge verringert, wird die fertige Polenta cremiger bzw. breiartiger, dies ist allerdings auch abhängig vom Mahlgrad des Polentagrießes.

Polentataler

Milch-Wasser-Gemisch mit etwas Salz zum Kochen bringen. Hitze reduzieren, Polentagrieß fließend einrühren und unter ständigem Rühren weich kochen, bis sich die Masse vom Topfrand löst.

Vom Herd nehmen, auf ein mit etwas Öl bepinseltes Blech gleichmäßig, ca. 1 cm dick, aufstreichen. Am besten gelingt dies mit einem Holzkochlöffel, den man immer wieder in kaltes Wasser taucht. Danach abkühlen lassen.

Von der Polentamasse runde Taler (ca. 7 cm Durchmesser) ausstechen und in der Pfanne in etwas Butter von beiden Seiten bräunen.

Sehr gut kann man die Polentamasse auch mit fein gehackten Kräutern wie Rosmarin und/oder Thymian würzen.

180 g Polentagrieß

300 ml Wasser

320 ml Milch

ca. ½ TL Salz

Öl für das Blech

50 g Butter

BEILAGEN

Polentasoufflé

120 g Polentagrieß

300 ml Milch-Wasser-Mischung
(200 ml Milch, 100 ml Wasser)

Prise Salz

2 EL Butter

1 kleine Zwiebel

150 g Steinpilze
oder Eierschwammerl

2 Eier

Salz, Pfeffer

Milch-Wasser-Gemisch mit Salz zum Kochen bringen. Hitze reduzieren, Polentagrieß fließend einrühren und unter ständigem Rühren weich kochen. Vom Herd nehmen, abkühlen lassen.

Gereinigte Pilze grob hacken. Etwas Butter in einer Pfanne heiß werden lassen, fein gehackte Zwiebel hineingeben, kurz anschwitzen, Pilze beifügen, mehr Hitze geben, damit das in den Pilzen enthaltene Wasser schnell verdunstet. Notfalls kann die Flüssigeit auch abgegossen werden. Salzen, pfeffern – vom Herd nehmen. Etwas abkühlen lassen.

Pilze und Eidotter zur Polentamasse geben, gut vermischen. Eiklar mit einer Prise Salz zu steifem Schnee schlagen und vorsichtig unterheben.

In gebutterte und mit Polentagrieß ausgekleidete Timbalförmchen geben und im vorgeheizten Backrohr bei 160 °C ca. 30 Minuten im Wasserbad garen.

Schupfnudeln

½ kg mehlige Kartoffeln

½ kg griffiges Mehl

2 Eier

1 Messerspitze Muskatnuss

1 TL Salz

Wasser

2 EL Butter

Mehl für die Arbeitsfläche

Am besten schon am Vortag die Kartoffeln in der Schale kochen. Danach schälen und kühlen.

Die Kartoffeln durch eine Kartoffelpresse drücken. Mit Mehl, Eiern, Muskatnuss und Salz zu einem festen Teig verarbeiten. Da der Teig sehr klebt, immer wieder die Hände und die Schüssel mit Mehl bestreuen.

Die Arbeitsfläche gut mit Mehl bestreuen. Separat eine Schüssel mit etwas Mehl bereithalten. Vom Teig etwa eine große Handvoll nehmen und auf einem bemehlten Brett zu einer Rolle von ca. 3 cm Durchmesser formen. Immer wieder bemehlen! Die Teigrolle in ca. 1 cm breite Stücke schneiden.

Mit den bemehlten Händen die Teigstückchen nunmehr zur typischen „Schupfnudelform" rollen und in die Schüssel mit dem Mehl fallen lassen. Die Schupfnudeln wieder herausnehmen – die nächsten Nudeln fertigen.

Einen Teil der Schupfnudeln in einen größeren Kochtopf mit leicht wallendem, wenig gesalzenem Wasser geben. Vorsichtig umrühren, damit diese nicht am Topfboden ankleben. Wenn die Nudeln nach ca. ½ Minute aufsteigen, diese aus dem Wasser nehmen und in einem Sieb mit kaltem Wasser abschrecken.

Eine Pfanne heiß werden lassen, die Butter darin zerlassen. Die Schupfnudeln dazugeben, kurz durchschwenken und leicht anbraten.

Variante:

Sehr gut passt zu den Wildgerichten, wenn man unter die fertigen Schupfnudeln 100 g gehackte Walnüsse oder Haselnüsse hebt.

Serviettenknödel – wie er zu Wildgerichten passt

1 Pkg. Toastbrot

1 Zwiebel

150 g Butter

150 ml Milch

1 Bund Petersilie

Salz, Pfeffer, Muskatnuss

3 Eidotter

3 Eiklar

Das Toastbrot in kleine Würfel schneiden (wenn gewünscht, vorher entrinden) und in eine Schüssel geben.

Die Zwiebel ebenfalls in kleine Würfel schneiden und in 1 EL zerlassener Butter anschwitzen.

Die Petersilie in die Milch einlegen, kurz aufkochen und etwas ziehen lassen. Danach die Milch mit der Petersilie passieren und mit den Zwiebeln zu den Brotwürfeln geben.

Mit Salz, Pfeffer und etwas geriebener Muskatnuss würzen und vorsichtig vermengen. Die Masse abgedeckt gut durchziehen lassen (1 – 2 Stunden).

Die restliche Butter mit den Dottern schaumig rühren. Eiklar mit einer Prise Salz zu festem Schnee schlagen und mit der Butter-Dotter-Masse behutsam in die Brotmasse einarbeiten.

Daraus Rollen formen, einzeln in eine Serviette oder ein sauberes Geschirrtuch einrollen. An den Enden gut abbinden und in einer Kasserolle in leicht wallendem Salzwasser ca. 20 Minuten kochen.

Herausnehmen und den Serviettenknödel in Scheiben geschnitten als Beilage servieren.

Tipp:

Wenn Weißbrot oder Semmeln übrig bleiben, gleich in kleine Würfel schneiden, im Backrohr bei 50 °C trocknen lassen und in einer gut verschließbaren Dose (Keksdose) aufbewahren, um „Knödelbrot" auf Vorrat zu haben.

BEILAGEN

Spätzle

200 g griffiges Mehl

2 Eier

½ TL Salz

6 EL Wasser

2 EL Butter

Das Mehl in eine Schüssel sieben, in die Mitte eine Vertiefung eindrücken, mit den Eiern, Salz und etwas Wasser von der Mitte aus verrühren. Nach und nach die übrige Flüssigkeit hinzugießen. Darauf achten, dass keine Klumpen entstehen. Der Teig sollte eine sehr zähflüssige Konsistenz haben. Portionsweise von einem Brett oder mit Hilfe eines Spätzlesiebs in kochendes Salzwasser streichen.

Die Spätzle sind fertig, wenn sie an der Oberfläche schwimmen. Mit einem Schaumlöffel aus dem Kochwasser heben, kurz mit kaltem Wasser abschrecken, abtropfen lassen.

Vor dem Servieren die Spätzle in heißer Butter schwenken.

Süßkartoffel-Maroni-Mousseline

400 g Süßkartoffeln

100 g Maroni, gekocht

ca. 150 ml Schlagobers

Salz, Pfeffer

1 EL Butter

2 EL Montasiokäse, gerieben

Zitronentyhmian

Die Süßkartoffeln waschen, schälen, in Scheiben schneiden und über Dampf garen.

Die Maroni kurz über Dampf erwärmen.

Kartoffeln passieren, erwärmten Schlagobers hinzugeben, mit etwas Salz und Pfeffer würzen und mit einem Mixer flaumig aufschlagen.

Kalte Butter und den Montasiokäse hineinrühren. Die Maroni mit einer Gabel grob zerbröseln und mit dem gerebelten Zitronenthymian unter die Mousseline heben.

Bärlauch-Stampfkartoffeln

Kartoffeln schälen, in kleinere Würfel schneiden, in Salzwasser kochen, abseihen (oder im Dämpfeinsatz garen) und etwas ausdampfen lassen.

Milch heiß werden lassen. Zu den Kartoffeln etwas Butter geben, salzen, pfeffern, mit dem Kartoffelstampfer nur grob zerstampfen, Milch einrühren, fein gehackten Bärlauch untermischen.

500 g mehlige Kartoffeln

50 g Butter

ca. 100 ml Milch

1 TL Butter

1 Bund frischer Bärlauch

Salz, Pfeffer

Pastinakenpüree

Für das Püree die Pastinaken und die Kartoffeln schälen, in Würfel schneiden und in Salzwasser weich kochen (oder in einem Dämpfeinsatz garen). Die Milch mit den Petersilienstängeln und dem Liebstöckel aufkochen und ein paar Minuten ziehen lassen.

Das Gemüse abseihen und mit der zerlassenen Butter mit dem Mixer glatt rühren. Dann die Milch (Kräuter entfernen) langsam in die Kartoffelmasse einrühren, bis ein sämiges Püree entsteht. Mit den Gewürzen nach Geschmack abschmecken und servieren.

Sehr gut passt zu dieser Beilage auch eine Schwammerlsauce und ein Salat der Saison.

600 g Pastinaken

500 g mehlige Kartoffeln

½ l Milch

Petersilie, Liebstöckel

100 g Butter

Salz, Pfeffer, Muskatnuss

Tipp:

Für eine kräftigere Farbe kann man dem Gemüse beim Kochen eine Messerspitze Kurkuma zugeben. Für einen besonders abgerundeten Geschmack einfach ein paar Löffel Schlagobers mit der Schneerute aufschlagen und unterheben.

Getrüffeltes Kartoffelpüree

500 g mehlige Kartoffeln

ca. 1/8 l Milch

50 g Butter

sehr gutes Trüffelöl

Salz

1 kleine Trüffelknolle
(wenn gewünscht)

Kartoffeln schälen, in kleinere Würfel schneiden, in Salzwasser kochen, abseihen oder im Dämpfeinsatz garen.

Die Milch erhitzen. Kartoffeln stampfen, etwas Butter hinzufügen, dann mit dem Mixer unter Hinzugabe der Milch flaumig rühren.

Salzen und knapp vor dem Anrichten etwas Trüffelöl einrühren und, wenn vorhanden, etwas von der Trüffel darüberhobeln.

Kartoffel-Sellerie-Püree

400 g mehlige Kartoffeln

120 g Knollensellerie

1/8 l Schlagobers

Salz, Pfeffer

1 EL Butter

50 g Montasiokäse
oder Parmesan

evtl. Zitronenthymian

Die Kartoffeln schlälen, klein würfeln und über Dampf garen, ebenso die in Würfel geschnittene Sellerie. Kartoffeln mit einem Kartoffelstampfer zerdrücken.

Den Schlagobers erwärmen, hinzugeben, mit Salz und etwas Pfeffer würzen und mit einem Mixer flaumig aufrühren. Kalte Butter und etwas Montasiokäse einrühren.

Die Sellerie mit einem Stabmixer fein pürieren und mit dem gerebelten Zitronenthymian unter das Püree heben.

Anhang

Kleines Küchenglossar
Österreichisch-Deutsch:

Eierschwammerl = Pfifferlinge

Faschiertes = Hackfleisch

Kren = Meerrettich

Marille = Aprikose

Palatschinke = Pfannkuchen

Sauerrahm = saure Sahne

Schlagobers = Sahne

Schlögel = Keule

Semmel = Brötchen

Semmelbrösel = Paniermehl

Vogerlsalat = Feldsalat

Alphabetisches Register

VORSPEISEN, SUPPEN, HAUPTSPEISEN, ALLERLEI

ANHANG

ANHANG

ANHANG

Die Autoren

Cilly Höferer, geboren 1955 in Friesach, Geschäftsfrau, Jägerin und Betreiberin des Wirtshauses „Speckladle". Bekocht ihre Gäste mit großer Freude unter Verwendung von Lebensmitteln, die vom Jagen und Sammeln erzählen – ihre Speisekarte zeugt vom besonderen Zugang zu den Rohstoffen und Aromen der Natur.

Otto Kornprat, Jahrgang 1955, lebt in Ferlach, Hotelfachschule in Bad Gleichenberg, nach einiger Zeit im Ausland, u.a. auf Luxus-Passagierschiffen, ständig auf der Fährte des „ultimativen Geschmackserlebnisses" beim Kochen und dem Besten aus den friulanischen Weinkellern. Seit etlichen Jahren Mitarbeiter der Kärntner Jägerschaft.

Der Fotograf

Norbert Janesch,1962 in Klagenfurt geboren, seit über 20 Jahren freier Kameramann und Bildmeister für den ORF. Im Beruf begleitet ihn immer auch die Freude an der Fotografie – „weil man mit einem Bild eine ganze Geschichte erzählen kann".

Die Vielfalt der Bergregionen macht Kärnten zu einem einzigartigen Wanderparadies. Sanfte Bergrücken, weite Almen, kühne Gipfel, vergletscherte Dreitausender – Ingrid Pilz kennt sie alle. Und sie führt hin, mit prachtvollen Panoramaaufnahmen und einem herausnehmbaren Tourenführer.

Ingrid Pilz
WANDERPARADIES KÄRNTEN
100 erlebnisreiche Wanderungen und Bergtouren

208 Seiten, 21,5 x 27 cm
Hardcover mit SU, durchgehend Farbe

€ 36,00 · ISBN: 978-3-85378-645-1

Carinthia Verlag

Die besten Produkte aus dem Alpen-Adria-Raum: ehrliche Weine, feinste Fische, besondere Öle - gut wenn man weiß, wo es diese Dinge gibt. Der kulinarische Querdenker Herwig Ertl macht aus den Geheimtipps Wissen für jedermann, erklärt die Bezugsquellen und erzählt von den Menschen, die diese Herrlichkeiten mit Leidenschaft erzeugen.

Werner Ringhofer
EINFACH GENUSS!
Herwig Ertl: Ansichten eines kulinarischen Querdenkers

192 Seiten, 19 x 24,5 cm
Hardcover mit SU, durchgehend Farbe

€ 24,95 · ISBN: 978-3-85378-659-8

Carinthia Verlag

Essen „wie Gott in Frankreich"? Das kann man auch in Kärnten.
Die Hauben- und Sterneköche Josef & Josef Trippolt servieren die besten Rezepte aus ihrer Bärenküche – ohne Effekthascherei, mit viel Liebe zum Detail und zum Gast…

Silvia Trippolt-Maderbacher
DIE BÄRENKÜCHE
Das Beste von Josef & Josef Trippolt
Mit Fotos von Ernst Peter Prokop

ca. 224 Seiten, 22 x 26,5 cm
Hardcover mit SU, durchgehend Farbe

€ 29,95 · ISBN: 978-3-85378-670-3

Carinthia Verlag

Die KLEINE KÄRNTNER KÜCHE präsentiert 100 zeitgemäße und traditionsreiche Rezepte aus der Schatztruhe dieser unerschöpflichen Kulinarikregion, gewürzt mit zahlreichen Anekdoten und praktischen Hinweisen.

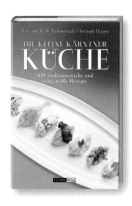

Hans und Willi Tschemernjak
DIE KLEINE KÄRNTNER KÜCHE
100 traditionsreiche und
zeitgemäße Rezepte

ca. 168 Seiten, 12 x 17 cm
Hardcover, durchgehend Farbe

€ 16,95 · ISBN: 978-3-85378-673-4

Carinthia Verlag